L'Entreprise Numérique Africaine

Aristide Aly BOYARM

Tél : +226 72 28 15 32
E-mail : <aboyarm@hotmail.fr>

Centre d'édition, de production, de distribution
et de formation (Céprodif)
01 BP 6385 Ouagadougou 01, BF
Tél. : +226 25 40 20 32 / +226 70 85 30 68 /
      +226 79 87 84 54
E-mail : ceprodif@yahoo.fr
Site web : www.ceprodif.com
ISBN : 978-2-84775-190-1

Aristide Aly BOYARM
Préface du Dr Lassina ZERBO

L'Entreprise Numérique

Africaine

Développer son business avec le numérique

Céprodif

« Transformer numériquement son entreprise
pour conquérir l'Afrique et le monde »

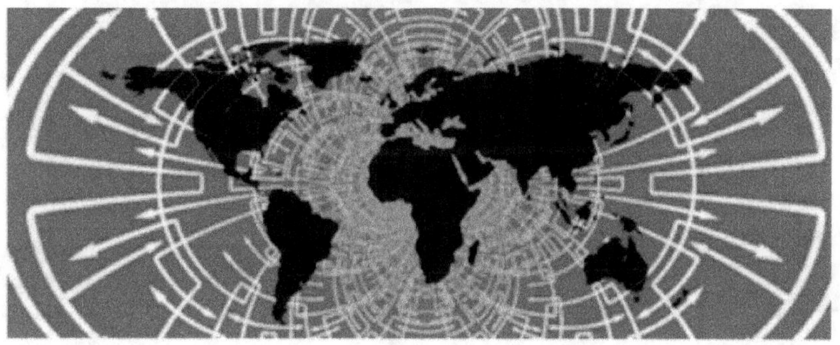

*Passer au numérique devient une étape quasi obligatoire
vers le succès pour toutes les entreprises. Les chefs
d'entreprises africains doivent saisir cette opportunité
pour conquérir de nouveaux marchés et rejoindre
leurs clients dans l'espace numérique.*

Sommaire

Remerciements 13

Préface 15

Préambule 17

PARTIE 1 : LA TENTATION DU NUMÉRIQUE 27

1. L'économie et les entreprises numériques 35

2. Du Système d'information au Numérique 45
   La définition 45
   L'histoire 46
   L'évolution 46
   Le niveau d'utilisation du SI par les entreprises 48
   Les applications fonctionnelles 51
   Les stratégies vers le numérique 54

3. Les composantes technologiques de l'entreprise
   numérique et leurs nouveaux usages 56
   Mobilité 56
   Cloud Computing 47
   Big Data Analytics 60
   Les réseaux sociaux 61
   Internet des objets 64
   Imprimante 3D 66
   La dématérialisation 68
   Les drones 68

4. Les nouveaux métiers du numérique 71
   Le Data Scientists 71
   Le Trafic Manager 71
   Le chef de produit web et mobile 72

Le social media manager 72
Le chief data officer (CDO) 73
Le développeur d'application mobile 73
Le responsable de la sécurité des systèmes
informatiques (RSSI) 74
5. Les nouveaux usages du numérique 75
Les services 78
L'industrie 80
Le secteur de la santé 82
Le BTP 84
L'agriculture 85
L'école, l'université et la formation continue 87
Le transport 89
Le secteur public 92
6. Pourquoi faut-il se transformer maintenant ? 95
7. Les nouveaux risques 99

PARTIE 2 : RÉUSSIR SA TRANSFORMATION 103
1. Passer au numérique n'est pas une aventure 107
2. La démarche 109
L'agilité 110
Qui fait quoi ? 112
Les étapes 114
Étape 1 – Diagnostic 114
Étape 2 – Stratégie numérique 126
Étape 3 – Mise en œuvre 141

PARTIE 3 : MON ENTREPRISE NUMERIQUE 149
1. Le commerçant connecté 153
2. Le restaurant 2.0 158
3. L'usine 4.0 162
4. La grande entreprise connectée 165

Conclusion 171

Idex alphabétique 173

Liste des entreprises 175

Bibliographie 179

Table des illustrations

Figure 1   Cable sous-marin à fibre optique
relayant l'Afrique 43

Figure 2   Schéma sommaire d'un Système
d'information 45

Figure 3   Les caractéristiques des cinq générations
de systèmes d'information 47

Figure 4   Niveau d'utilisation du SI par
les entreprises 49

Figure 5   Segmentation des besoins en information selon
la position hiérarchique du décideur 51

Figure 6   Applications pour gérer les activités
de l'entreprise 52

Figure 7   Répartition du volume des transactions
financières réalisées via le mobile dans
l'UEMOA source (mays-mouissi.com) 77

Figure 8   Démarche de transformation numérique 114

Tableau 1 Tableau comparatif mariott et
airbnb chiffre 2016 33

Tableau 2 Tableau comparatif Capitalisation
boursière Vs PIB état 79

Tableau 3 Informations clients B2C 128

Tableau 4 Liste des actions pour professionnaliser
sa présence sur le net 133

Tableau 5 Apport du socle technologique
SMAC aux entreprises 141

Tableau 6 Exemple d'informations à associer avec
chaque action 143

Tableau 7 Synthèse des résultats attendus pour
une transformation réussie 145

Remerciements

Je remercie ma famille pour son soutien permanent dans la réalisation de mes activités conduisant à la réussite de mes projets, ainsi que mes associés avec lesquels je partage le rêve d'une Afrique décomplexée et innovante.

Préface

Observateur attentif de l'évolution et de l'usage des technologies numériques à travers le monde, et à la tête d'une organisation internationale qui met en œuvre des technologies de pointe afin de remplir sa mission de manière crédible et efficace, je puis dire que l'Afrique n'est pas en reste sur ce sujet, avec des populations de plus en plus connectées, de plus en plus équipées, servies par une créativité inspirante qui se manifeste au quotidien.

Les infrastructures africaines de distribution d'électricité, de télécommunication et de l'internet restent encore relativement faibles et accessibles à une population majoritairement citadine. Cependant, l'essor du mobile, avec un taux de pénétration qui avoisine aujourd'hui les 50%, est porteur d'espoir. En effet, l'avènement du mobile est accompagné de solutions innovantes répondant aux besoins quotidiens des Africains. Je citerai à titre d'exemple les solutions de transfert d'argent entre particuliers qui sont les plus abouties et s'exportent même dans le monde entier.

Les profondes mutations induites par le numérique sont aujourd'hui vectrices de développement économique et sont appelées à faire reculer la pauvreté en Afrique. De plus, par sa capacité à faciliter l'échange d'informations, la transmission du savoir et les coopérations, le numérique joue un rôle fondamental pour mobiliser les acteurs africains au niveau local, régional et global sur les grands enjeux sociétaux qui incluent la protection de la planète et la garantie de la paix et de la sécurité pour tous.

L'ouvrage d'Aristide Aly Boyarm s'adresse tout particulièrement aux entrepreneurs africains, car ce sont eux qui, par leurs produits et services innovants, vont faire du continent un acteur à part entière de la révolution numérique. Il montre comment le numérique peut être un facteur de croissance des entreprises et de l'épanouissement de leurs salariés. Pour cela, l'auteur donne des pistes aux entrepreneurs pour transformer leurs structures, afin d'adopter une organisation qui permet une meilleure appropriation et utilisation des technologies numériques dans le contexte africain. Les nouveaux métiers, les nouveaux usages, les nouvelles technologies et les nouveaux risques sont passés en revue, afin d'orienter les choix des dirigeants.

Enfin, cet ouvrage s'appuie sur des exemples concrets pour illustrer les apports du numérique dans le développement des entreprises.

Aristide Aly Boyarm associe ainsi technologie et méthode dans une vision d'ensemble rigoureuse et inspirée par la pratique.

Nul doute que ce livre contribuera à faire avancer la prise de conscience sur ce sujet important qu'est le numérique pour les entreprises africaines.

Bonne lecture à tous. Et que votre aventure numérique soit la plus belle possible.

Dr Lassina ZERBO

Secrétaire exécutif de l'OTICE

Préambule

L'idée d'écrire ce livre m'est venue à la suite de nombreuses sollicitations de patrons de TPE[1] ou de commerçants du secteur informel[2], souhaitant utiliser les technologies numériques pour développer leurs affaires. Ils savaient que leurs clients étaient « connectés » et que la meilleure manière d'aller à leur rencontre était de les rejoindre sur la toile. Les sollicitations sont diverses : intégration de photos, vidéos de promotions de produits et services sur les réseaux sociaux, recherche de fournisseurs, gestion des bases clients… C'est une évidence, la population des « petits commerçants africains», artisans est de plus en plus convertie à l'usage des technologies numériques.

Un jour, un partenaire de passage à Ouagadougou, voulait acheter un lot de clés USB après 20h. Les magasins étant fermés, il a alors fait appel à un commerçant, qui avait publié une publicité sur le compte Facebook d'une de ses connaissances locales ; dix minutes après, un livreur l'avait rejoint avec une palette de clés USB, à des prix défiants toutes concurrences.

Cette affaire conclue rapidement, montre que le développement très rapide de l'internet mobile, est en train de transformer la vie quotidienne des Africains, et que les entreprises qui n'auront pas capté ce changement majeur, courent le risque de péricliter, voire de disparaître rapidement. En effet, avec près de 800[3] millions d'utilisateurs de mobiles contre 14 millions de lignes fixes, et un taux de connexion en forte progression avec des revenus issus

---

1 TPE : Très petite entreprise.

2 L'économie informelle désigne l'ensemble des activités productrices de biens et services qui échappent à l'œil ou à la régulation de l'État.

3 Key ICT indicators for developed and developing countries and the world (totals and penetration rates).

d'Internet qui représentent déjà 4% du PIB du continent africain, les entreprises du secteur formel auraient tort de ne pas aller chercher ces clients potentiels.

Mon métier est d'accompagner les entreprises du segment grande PME et grandes entreprises locales en Afrique francophone, dans l'alignement stratégique de leur système d'information. Et au fil des missions, le constat est clair : elles n'ont pas encore suffisamment entamé leur transformation pour s'adapter aux consommateurs qui ont aujourd'hui une longueur d'avance.

Cependant, quelques entreprises pionnières du continent rencontrent déjà des succès bien remarquables.

En effet, les succes stories des leaders africains du numérique sont régulièrement mis en avant dans les médias africains et occidentaux.

Elles s'appellent **M-Pesa, Jumia, et Iroko TV, pour ne citer que ces exemples.**

►**M-Pesa** : Le nom de l'entreprise signifie, M pour « Mobile » et pesa, « argent » en swahili. Créée en 2007, c'est une *Joint-venture* entre les opérateurs de télécommunication britannique Vodafone et le kenyan Safaricom.

Elle intervient dans la micro finance et le transfert d'argent par téléphone mobile sur un marché national qui représente la moitié des transactions mobiles dans le monde. Le succès de la solution s'est exporté dans une quinzaine de pays dont l'Afghanistan, l'Afrique du Sud, l'Inde et même en Europe de l'Est.

►**Jumia** : Cette entreprise est un des leaders africains du commerce électronique. Elle propose une grande sélection de produits : habillements, téléphonie, mode, ordinateurs, TV. Présente dans plusieurs pays africains dont l'Algérie, le Maroc, le Nigeria, le Kenya, la Côte d'Ivoire, le Cameroun, etc., elle s'est adaptée aux spécificités du marché africain, en proposant le paiement en espèces à la livraison, la possibilité d'effectuer des transferts avec les téléphones mobiles. Elle propose même des retours gratuits dans un délai de sept jours, en cas de non satisfaction, ce qui est très rare sur le continent. Le catalogue de l'entreprise propose des produits locaux ce qui est bénéfique pour les PME et les artisans des pays où elle s'installe. Ces dernières voient le volume de leur clientèle potentielle s'agrandir.

▶**Iroko TV** : Cette société est également surnommée le « Netflix[4] africain ». C'est le plus grand distributeur numérique de films africains au monde. Iroko TV à des partenariats avec des majeurs tels que : Dailymotion, iTunes ou encore Amazon. La plateforme reçoit plus d'un million de visiteurs uniques par mois et déclare plus de 500 000 abonnés pour plus de 6 000 films disponibles.

Cette liste s'allonge de jour en jour, car les consommateurs changent. M-Pesa compte près de 18 millions de clients[5], soit près des trois quarts de la population kenyane, et huit millions de transactions y sont effectuées chaque jour, à « côté » du système bancaire classique. À noter que plus de 90%[6] des accès à internet au Nigéria se font par les réseaux mobiles, contre seulement 30 % aux États-Unis ; c'est un paramètre essentiel à intégrer pour les entreprises africaines.

Nous constatons autour de nous, que le numérique prend jour après jour, une part de plus en plus importante dans la vie des Africains. internet, applications mobiles, smartphones, réseaux

----

4 Netflix : Netflix est une entreprise américaine proposant des films et séries télévisées en flux continu sur internet.

5 Source : Chiffre 2015, Wikipédia.

6 Source : http://www.techcityng.com.

sociaux, services télécom, etc. Il tisse doucement mais sûrement sa toile dans la société africaine, en influençant durablement les modes de consommation.

Cela représente une formidable opportunité de business pour les entreprises africaines, mais aussi une occasion pour elles d'évoluer vers un fonctionnement plus performant. Une révolution est en marche, et les entreprises africaines se doivent de monter dans le train du numérique sans plus tarder.

Pourquoi ? Parce que nous faisons face à une véritable transformation irréversible qui touche les technologies, les données qu'elles produisent et leurs usages.

À ce jour, une majorité de dirigeants des entreprises « traditionnelles » africaines ne se sentent pas concernés par ce phénomène, soit parce qu'ils n'en voient pas les intérêts, soit parce qu'ils ne se sentent pas prêts pour franchir le pas.

Le principal objectif de ce livre est de susciter l'envie chez les dirigeants d'entreprises africaines petites, moyennes ou grandes, pour qu'ils se lancent dans un processus de « transformation numérique » de leurs entreprises dans le but de développer leur business.

Le terme « transformation numérique » est relativement récent et s'entend ainsi qu'il suit, selon Wikipédia[7] : "*La transformation numérique se réfère aux changements liés à la mise en œuvre des technologies numérique dans tous les aspects de la société*".

Pour l'entreprise, il s'agit de bien connaître ses clients à travers tous les canaux qu'offrent le numérique et la technologie, pour

----

7 Wikipédia est un projet d'encyclopédie collective établie sur Internet, universelle, multilingue et fonctionnant sur le principe du wiki. Ce projet repose sur cinq principes fondateurs. Wikipédia a pour objectif d'offrir un contenu librement réutilisable, objectif et vérifiable, que chacun peut modifier et améliorer.

lui proposer une offre adaptée de service et/ou de produit. Il s'agit également de faire du numérique un atout pour une entreprise plus performante.

Pour cela, les entreprises africaines doivent s'appuyer sur les socles technologiques disponibles et qui sont de plus en plus accessibles tels que, le Cloud Computing, les réseaux sociaux, le Big Data, les Objets connectés, les applications mobiles, etc., pour optimiser leur fonctionnement et mieux servir cette nouvelle « race » de consommateurs. Aujourd'hui, YouTube, Facebook, l'e-commerce, le mobile Banking, la géolocalisation, le m-commerce[8], etc., bouleversent tous les jours le mode de vie des Africains, avec un impact sur leur manière de communiquer et de consommer.

Mais de quels consommateurs parle-t-on ? Ils sont très majoritairement des citadins, équipés de smartphone bas de gamme ou d'occasions capables de se connecter à internet. Utilisateurs des réseaux sociaux, des mails, des applications mobiles permettant de téléphoner gratuitement[9], et à la recherche de musiques et de vidéos, ils sont de plus en plus actifs dans le partage de contenus. Quant aux achats en ligne, bien que très prometteurs, ils restent encore faibles.

Conquérir ces « nouveaux consommateurs » doit devenir un objectif majeur pour les entreprises africaines, et ces dernières doivent être soutenues pour cela, par les États et les organisations internationales et sous régionales.

Certains gouvernements africains ont décidé d'accompagner l'émergence d'une économie numérique dans leur pays car ils ont pris la mesure de son impact sur le développement de leur économie.

---

8 Le m-commerce ou commerce mobile (mobile commerce en anglais), correspond à l'utilisation de technologies sans fil, et plus particulièrement de la téléphonie mobile, afin de faire des achats.

9 Ex : WhatsApp, propriété de Facebook, est une application mobile de messagerie gratuite.

L'objectif de cette démarche est de créer de la richesse et de l'emploi, et de profiter des opportunités offertes par le numérique pour transformer l'Administration et la rapprocher des citoyens. Le Maroc, est un pionnier dans le domaine, car il a élaboré très tôt une stratégie nationale appelée « **Maroc Numeric 2013**[10] », dont le but était de faire du Maroc un pôle technologique, moteur du développement économique du pays.

Les principaux axes stratégiques ont été : « la transformation sociale, les services publics orientés vers les usagers, la productivité des PME et l'industrie des TIC ».

Les principales mesures d'accompagnement ont concerné la formation et la confiance numérique.

Le Maroc a pu ainsi attirer des sociétés de renommée internationale comme les grandes SSII[11] internationales (IBM, CGI, etc.), en leur offrant des avantages fiscaux intéressants. Cela a créé de l'émulation pour les entreprises informatiques marocaines qui s'attaquent à leur tour à de grands projets informatiques en Afrique.

En Afrique subsaharienne, le gouvernement du Sénégal, à travers le projet « Sénégalnumérique » élaboré en 2014, ambitionne de favoriser l'ouverture du pays vers le monde et le développement économique, à travers la transformation numérique des entreprises. Le Rwanda quant à lui, est l'un des pionniers de la promotion des TIC pour le développement. Plusieurs plans consécutifs d'infrastructures nationales d'information et de communication (NICI[12]), ont été mis en place. Le premier NICI I a consisté en l'élaboration d'un cadre juridique et réglementaire propice, le second NICI II

----

10 https:/Int.ma/strategie-maroc-numerique-2013-bientôt-a-son-terme/

11 La SSII (ou Société de services et d'ingénierie en informatique) est une société experte dans le domaine des nouvelles technologies et de l'informatique ; le terme qui, aujourd'hui, définit ces entreprises est Entreprise de services du numérique (ESN).

12 National ICT Strategy and Plan.

en la création d'infrastructures pour soutenir le développement des TIC, avec la pose de plus de 7 000km de câbles en fibre optique (la superficie du Rwanda n'est que de 26 338km²), tandis que le plan NICI III a porté sur la promotion des prestations de services. La phase actuelle qui court jusqu'en 2020, met l'accent sur la numérisation de l'économie et le positionnement des TIC, comme l'un des piliers de développement du pays.

Les nouvelles technologies sont prioritaires dans le plan « Vision 2030 », lancé par le gouvernement kenyan dès 2008 et destiné à élever au-dessus du seuil de pauvreté la majorité de sa population. Le projet de Konza City[13], une ville intelligente en cours de développement à 60km au sud de Nairobi est le symbole de cette vision 2030. Elle doit se développer sur des milliers d'hectares, et constitue tout un écosystème high-tech, avec un quartier d'affaires, des sièges d'entreprises, des incubateurs de start-up, mais aussi des universités, des logements pour 20 000 habitants et des moyens de transport avec des trains vers Nairobi et Mombasa. Les premiers bâtiments ont commencé à apparaître en 2017, et le coût total du projet est estimé entre 10 et 15 milliards de dollars sur 20 ans.

Ces plans stratégiques traduisent une volonté de ces gouvernements de faire basculer leurs pays dans une économie marquée par le numérique.

Les projets d'e-administration ou d'e-gouvernance vont dans ce sens ; ils ont pour objectif d'accompagner la modernisation des Administrations africaines et de faciliter les rapports avec les usagers.

Avant-gardiste, le Cap-Vert a mis très tôt en place un intranet gouvernemental, le NOSI[14]. Cette structure a été créée pour mettre en place une infrastructure gouvernementale électronique pour favoriser une administration plus efficace.

----

13 Source : buzz-africa.com/economie/2013-05-27/Konza-city-la silion-valley-made-in-Kenya/

14 Noyau opérationnel pour la société de l'information.

Au Burkina Faso, le projet e-conseils des ministres a été mis en place, pour permettre une meilleure préparation des sessions du Conseil des ministres et réduire la consommation du papier, faire ainsi des économies et contribuer à la protection de l'environnement. Le pays a également initié un projet de Cloud gouvernemental pour accroître la connectivité entre les différents Ministères et municipalités. C'est une réponse à l'augmentation de la demande en services numériques dans les secteurs public et privé.

Ces différentes politiques nationales de promotion du numérique trouvent des relais au niveau des organisations régionales telles la CEDEAO[15] et la SADC[16], où des cadres légaux compatibles, harmonisés, entre les pays d'une zone régionale se mettent en place.

Cette propagation croissante du numérique au sein des populations et des entreprises africaines se heurte encore à une faiblesse des infrastructures disponibles, car les débits restent lents, limitant le potentiel d'internet (e-learning, e-commerce, etc.). La sécurité reste faible, l'expertise est encore insuffisante, et la production des contenus « made in Africa » reste très limitée.

Selon la Banque mondiale, l'Afrique détient le record mondial du coût d'une liaison internet avec des tarifs mensuels pouvant atteindre de 180 à 214[17] euros (118 000 à 140 390 F CFA).

Ces différentes contraintes limitent encore trop souvent la consommation numérique aux réseaux sociaux, messagerie électronique, etc.

Le rôle des entreprises du continent est alors de répondre aux besoins des consommateurs africains, en créant des services, des contenus innovants et à forte valeur ajoutée.

---

15 CEDEAO : Communauté économique des États de l'Afrique de l'Ouest.

16 SADC : Southern African Development Community ou en français Communauté de développement d'Afrique australe

17 Source : www.lesafriques.com/.../l-afriquefrancophone-gagne-par-la-delocalisation-de-ser-ht...

Cet ouvrage propose aux chefs d'entreprises d'Afrique subsaharienne, les éclairages nécessaires, susceptibles de leur permettre de se lancer, en connaissance de cause, dans la transformation numérique de leurs entreprises.

Il est organisé en trois parties :

La première partie décrit le contexte et présente l'entreprise numérique et son écosystème.

Les nouveaux usages du numérique et les nouvelles opportunités apportées par la technologie y sont expliqués, afin de poser le cadre de la transformation des entreprises. Cette partie aborde également les menaces et les limites de ce grand changement.

Dans la deuxième partie, une démarche est proposée pour mettre en œuvre une transformation numérique adaptée au contexte dans lequel évoluent les entreprises africaines.

Cet ouvrage se termine par des histoires d'entrepreneurs qui font du numérique un atout pour le développement de leur business. Ce sont des exemples à suivre…

PARTIE 1 : LA TENTATION DU NUMÉRIQUE

Très peu de chiffres fiables existent sur le taux d'utilisation réel des TIC dans les entreprises africaines, qui sont très majoritairement des PME[18].

Accéder à Internet, faire du commerce électronique, créer un site Web, être présent sur les réseaux sociaux, correspondre par mail avec un fournisseur, envoyer des SMS à ses clients, gérer sa comptabilité, etc., sont autant d'activités pouvant être menées via le numérique. Les technologies sont nombreuses, les usages aussi ; cependant, les chefs d'entreprises sont souvent désorientés et pas suffisamment accompagnés dans leur réflexion sur les apports de ces outils dans l'amélioration de la gestion de leurs entreprises. Ils redoutent généralement les coûts générés par l'acquisition des outils informatiques, mais également doutent sur les réels apports de ceux-ci dans la gestion quotidienne de leurs entreprises.

Pourtant, de plus en plus de chefs d'entreprises franchissent le pas en faisant appel à la technologie informatique, avec la ferme intention d'améliorer l'accessibilité aux informations et de faciliter leurs relations avec leurs partenaires. Ils ont bien raison, car le monde change et ce changement est très marquant au niveau des grandes entreprises internationales.

Le changement est tel qu'au cours des 10 dernières années, des bouleversements importants sont survenus à la tête du classement des 1000 plus grandes entreprises américaines. Trois quarts[19] de celles qui étaient présentent en 2005 ne font plus partie de ce classement aujourd'hui. Que s'est-il passé? Elles ont été remplacées par des entreprises numériques. Dès 2011, Apple a dépassé le géant de l'hydrocarbure ExxonMobil pour devenir la première capitalisation

----

18 Petite et moyenne entreprise : http://www.institut-numerique.org/chapitre-i-caracteristiques-generaux-des-pmepmi-en-afrique-51bb438cc7961

19 Source Microsoft : http://ideas.microsoft.fr/france-top-management-transformation-numerique/

boursière mondiale. Le leader des services technologiques fondé en 1998, Google dépasse à son tour ExxonMobil en 2014 pour devenir la deuxième entreprise la plus valorisée au monde. Des entreprises plus récentes comme Netflix, Airbnb ou Uber ont une croissance spectaculaire.

Il n'est plus possible pour les entreprises africaines d'ignorer les changements en cours ; le moment est venu pour elles de se jeter dans le grand bain de l'économie numérique.

Faut-il rappeler que les nouveaux business modèles bousculent tous les jours les anciens, avec des exemples probants sur divers secteurs de l'économie. Le cas de Uber est souvent cité en exemple tant les bouleversements que la société a causé de par le monde sont profonds. La société s'appuie sur les technologies mobiles pour mettre en contact les utilisateurs avec des conducteurs de voiture de tourisme avec chauffeurs (VTC). Toutes les transactions financières se font en ligne. Vous ne pouvez pas payer en espèces, laisser un pourboire ou marchander le prix. La promesse de l'entreprise est que le voyage n'en est que plus agréable, puisque l'absence de relation d'argent génère une plus grande confiance entre le conducteur du véhicule et le client. Elle est valorisée à plus de 60 milliards de dollars en 2016, soit davantage que General Motors et Ford. Ses applications sont commercialisées dans plus de 350 villes (dont 8 villes africaines) dans le monde. La concurrence créée avec les sociétés de taxis traditionnelles entraîne de nombreux conflits à travers le monde.

Napster, Geezer, Sportily, Tidal, Apple Music, etc., ont bouleversé durablement l'industrie de la musique. Plus besoin d'acheter des CD, disques vinyle et autres cassettes. Il s'agit d'accéder à ses morceaux préférés en ligne, d'autant plus que beaucoup se procurent leur musique préférée gratuitement, via le piratage ou le téléchargement illégal. Ces nouvelles discothèques peuvent aller jusqu'à 50 millions de morceaux accessibles en ligne. La société Napster propose également des playlists, des sessions live et des interviews d'artistes en exclusivité. Elle offre aussi la possibilité de découvrir des artistes peu connus, tout en donnant accès aux morceaux « incontournables ».

YouTube et Netflix dominent quant à eux la vidéo en ligne, et ont fait disparaître les vidéos clubs en Occident. L'industrie musicale a généré des revenus de 15 milliards de dollars en 2015[20] et n'avait pas connu un tel essor depuis 20 ans. Les ventes numériques dépassent désormais les ventes physiques, et le streaming[21] est sur le point de devenir la première source de revenu. C'est déjà le cas aux États-Unis, où les derniers chiffres de la Recording Industry Association of America démontrent que le streaming payant a plus rapporté en 2016 que les téléchargements ou les ventes physiques. Ainsi, pour la première fois, le streaming musical passe devant les téléchargements aux États-Unis. En Afrique, ce n'est pas encore le cas, car la bande passante reste faible, les usagers doivent encore attendre que leurs téléchargements finissent avant de pouvoir profiter de leurs vidéos.

La société Amazon transforme quotidiennement le métier de l'édition et de la distribution. C'est le numéro un mondial du commerce en valeur boursière. Amazon offre le prix de la livraison, ce qui est un argument commercial très fort qui séduit les consommateurs de par le monde. En quelques clics, ils peuvent recevoir l'ouvrage qu'ils veulent, sans se déplacer, l'objectif poursuivi étant de livrer partout sur la planète en une journée…

----

20 Selon le rapport annuel de l'IFPI (Fédération internationale de l'industrie phonographique) publié le 12 avril 2016

21 Streaming : souce dicofr. Le streaming est un principe utilisé principalement pour l'envoi de contenu en « direct » (ou en léger différé). Très utilisé sur internet, il permet de commencer la lecture d'un flux audio ou vidéo à mesure qu'il est diffusé. Il s'oppose ainsi à la diffusion par téléchargement qui nécessite par exemple de récupérer l'ensemble des données d'un morceau ou d'un extrait vidéo avant de pouvoir l'écouter ou le regarder.

Amazon se distingue également par le marché de l'occasion qu'elle a contribué à développer fortement. Elle y occupe une place de leader incontesté qui oblige la plupart des revendeurs à s'appuyer sur la société. Elle est également leader sur le marché du livre numérique et des tablettes. Il faut savoir, qu'aux États-Unis, le livre est le deuxième achat de contenu, après la musique et 60% utilisent leurs tablettes pour acheter des livres.

La presse écrite a subi quant à elle, une baisse importante de ses ventes dans la plupart des pays. Les éditions en ligne des différents journaux se développent partout, y compris en Afrique. Certains journaux sont devenus exclusivement numériques. Les moteurs de recherche comme Google sont devenus les principaux pourvoyeurs en trafics pour ces sites internet de journaux en ligne. Google, Apple, Amazon ou Facebook, se sont progressivement imposés comme des points de passage incontournables, situés entre les producteurs et les éditeurs de contenu d'un côté et les publics de l'autre. Ils prennent en charge la sélection, l'organisation, la hiérarchisation et la distribution de l'information en ligne et facilitent la rencontre entre une demande éclatée et une offre diversifiée, une fonction désignée comme celle d'info médiation.

Le secteur de l'hôtellerie subit actuellement la concurrence des entreprises numériques comme AirBnB. La société est leader sur le secteur de la location d'appartements et de maisons entre particuliers. Le modèle d'offres d'Airbnb via internet est attractif, entouré de nombreuses garanties et de sécurisations commerciales des propriétaires et de la clientèle. La clientèle occidentale qui voyage aime vraiment découvrir des modes d'hébergement nouveaux et parfois originaux. Le succès fulgurant de la formule Airbnb a surpris le secteur de l'hôtellerie mondiale. Ce succès se traduit sur le plan économique et financier par une valorisation boursière à plus de 31 milliards de dollars de la société, soit proche de celle du groupe hôtelier Marriott, 38 milliards de dollars, et largement dépassé par celle du groupe Accor qui affiche 10,75 milliards de dollar.

	Marriott	AirBnB
Capitalisation	38 milliards $	31 milliards $
Chiffre d'affaires	17 milliards $$	900 millions $
Nombre de chambres	1,1 million	3 millions
Nombre d'employés	230 000	1 600

**TABLEAU 1 : TABLEAU COMPARATIF MARIOTT
ET AIRBNB CHIFFRE 2016**

Dans son modèle économique, Airbnb prélève 3% du montant des transactions aux propriétaires et entre 6 et 12% aux locataires, ce qui est inférieur aux taux que les agences de voyages en ligne prélèvent aux hôteliers.

Ces bouleversements en cours dans l'économie mondiale vont se poursuivre. Les entreprises africaines ont leur rôle à jouer et cela dès maintenant, avant d'être durablement impactées par les transformations actuelles. Quelles sont les enjeux pour les pays africains ? Il s'agit de ne pas se contenter d'être comme pour l'industrie, juste de simples consommateurs de produits manufacturés ailleurs. Les entreprises africaines doivent jouer leur partition et inventer des usages pour conquérir les consommateurs connectés en Afrique mais aussi de par le monde.

1. L'économie et les entreprises numériques

Avec un taux de croissance moyen élevé par rapport au reste du monde et majoritairement porté par ses ressources naturelles, le continent africain commence à se tourner vers l'économie dite « numérique ». Des jeunes entreprises « numériques » commencent à émerger dans de nombreux pays africains ; elles ouvrent la voie pour les entreprises du secteur traditionnel qui doivent, elles, se transformer pour rejoindre le monde de l'économie numérique.

Bien que la littérature soit variée et riche, il n'existe cependant pas de définition exacte de l'économie numérique. En effet, elle ne se limite pas à un secteur d'activité particulier, et elle englobe des concepts très différents[22].

Les définitions ci-dessous permettent de cerner les contours mouvants que peut revêtir l'économie numérique.

L'INSEE[23] assimile l'économie numérique aux technologies de l'information et de la communication (TIC), et en particulier aux secteurs producteurs. Selon l'INSEE, le secteur des TIC regroupe les entreprises qui produisent des biens et services supportant le processus de numérisation de l'économie, c'est-à-dire

---

22 Source : bsi-economics.org : BSI Economics est une association à but non lucratif, qui regroupe docteurs, doctorants et acteurs, soucieux de partager leurs expertises et leurs analyses en matière économique et financière.

23 INSEE : L'Institut national de la statistique et des études économiques.

la transformation des informations utilisées ou fournies en informations numériques (informatique, télécommunications, électronique).

Pour l'OCDE[24], l'économie numérique englobe le secteur des « télécommunications, notamment l'Internet, le haut débit et les mobiles, ainsi que la convergence entre les secteurs de radiotélédiffusion et du câble, et les services de télécommunications plus traditionnels ».

Pour l'ACSEL[25] la notion d'économie numérique est transversale. L'économie numérique « n'est pas l'apanage de quelques secteurs qui produisent ou qui sont basés sur les T.I.C., mais aussi les secteurs qui les utilisent. L'économie numérique comprend le secteur des télécommunications, de l'audiovisuel, du logiciel, de l'internet et les secteurs qui les utilisent en tant que cœur ou support de leurs activités ».

L'économie numérique ne se limite donc pas à un secteur d'activité en particulier, mais en englobe plusieurs. Et il convient également de prendre en compte l'ensemble des secteurs qui s'appuient sur les TIC, fournisseurs et utilisateurs.

Le numérique change les règles du jeu. Les nouvelles tendances technologiques mettent en jeu des entreprises avec des quantités extraordinaires de données qu'elles peuvent utiliser pour réinventer leur concurrence dans le futur. L'impact sur des secteurs entiers (transport, commerce, banque, tourisme, assurance, santé, édition, etc.) de l'économie n'est plus à démontrer et cela entraine la mise en place de nouveaux modèles économiques et organisationnels.

----

24 OCDE : Organisation pour la coopération et le développement en Europe.

25 L'ACSEL : l'association de l'économie numérique, est le hub français de la transformation numérique.

Tout va vite et le succès d'aujourd'hui ne garantit plus le succès de demain. Plutôt, ce sont les entreprises qui veulent et peuvent redéfinir qui elles sont, ce qu'elles vendent, et comment elles fonctionnent, qui gagneront dans la nouvelle économie numérique. Elles doivent garder l'esprit ouvert pour réévaluer tous les aspects de leurs opérations en vue de créer des innovations nouvelles et centrées sur le client.

Cette économie est structurée par quatre grandes catégories d'acteurs[26] :

• La première et non la moindre, compte tenu de son influence dans cette nouvelle économie, est constituée des entreprises du secteur des technologies informatique, électronique et des télécommunications.

• La seconde catégorie, réunie les entreprises dont l'ADN est lié aux technologies numériques. Il s'agit notamment des entreprises du secteur de l'e-commerce, des services en ligne, des jeux vidéo, …

• La troisième catégorie concerne les entreprises qui utilisent les technologies numériques pour être plus performantes. Ce sont les banques, les assurances, les industries, …

• Et enfin vous et moi, qui utilisons les TIC tous les jours pour communiquer avec nos proches, faire des recherches, nous instruire, collaborer, …

Ces différents acteurs interagissent entre eux à travers le monde et contribuent au développement de l'économie numérique. Les distances se réduisent grâce aux technologies numériques et cela a un impact sur les habitudes d'achat des consommateurs. Par

----

26 Source : *L'impact de l'économie numérique*, Philippe LEMOINE, Benoît LAVIGNE et Michal ZAJAC, revue Sociétal n°73, « Repères et tendances », 1er trimestre 2011 (www.societal.fr).

conséquent, aucune entreprise ne peut se permettre d'ignorer ces tendances et pour y faire face, une transformation numérique des entreprises africaines est nécessaire, afin de participer à cette économie qui devient sans frontière. Cette transformation ne doit pas être superficielle ou uniquement technologique pour avoir un réel impact, mais concerne aussi l'organisation et la culture d'entreprise.

L'enjeu principal aujourd'hui pour les entreprises africaines, est d'utiliser les formidables opportunités technologiques qui sont de plus en plus accessibles pour mieux vendre en Afrique et dans le monde. En effet, les différentes études menées par les grands cabinets mondiaux de stratégies et de conseils tels que BCG, Mc Kinsey, montrent que les entreprises les plus matures en termes de transformation numérique sont les plus performantes. Elles font de meilleures affaires car elles sont mieux outillées et mieux organisées pour proposer des biens et services qui répondent aux besoins de leurs clients. Des études récentes montrent que l'Indice de Transformation Numérique (ITN), aurait un impact sur le chiffre d'affaire des entreprises. Les entreprises les plus matures dans leurs transformations numériques obtiendraient une croissance de leur chiffre d'affaire 6 fois plus importantes que les autres.

Ces résultats sont issus de l'étude Carlson, analysée par le cabinet Roland Berger réalisée sur un demi-millier d'entreprises de plus de 50 salariés.

L'entreprise numérique est l'entité qui porte l'économie numérique. Il existe une multitude de définitions de l'entreprise numérique, qui varient selon les sensibilités des auteurs, des pays, les continents, etc. Tant mieux, car cela nous donne l'occasion de retenir celles qui sont en phase avec notre vision d'une entreprise qui s'appuie sur les nouvelles technologies pour être plus performante, pour conquérir de nouveaux marchés, pour mieux connaître ses clients et pour mieux interagir avec eux, donc pour mieux les servir.

Une entreprise est numérique si elle répond au moins aux critères clés ci-dessous :

Critères	1- Internet
Descriptif	L'entreprise doit être connectée à internet pour interagir à tous moments avec les clients, collaborateurs, fournisseurs, partenaires, etc.

Critères	2- Les réseaux sociaux
Descriptif	Elle doit être présente sur les réseaux sociaux. Ils sont des outils importants de prospection et d'interaction avec les clients. À utiliser pour développer sa base de clients, sa notoriété et son chiffre d'affaires.

Aujourd'hui, à titre d'exemple, le leader mondial des réseaux sociaux Facebook permet de :

1. toucher plus de 1,5 milliards d'utilisateurs actifs ; plus d'un million de nouveaux comptes sont créés par jour ;

2. toucher toutes les classes d'âge et catégories de population, ce qui en fait une base de données marketing extraordinaire ;

3. disposer d'outils permettant aux entreprises et aux marques de diffuser des contenus et d'interagir avec leurs clients ;

4. fédérer votre communauté en leur permettant de partager leurs idées et de s'exprimer sur un pied d'égalité à travers les groupes ;

5. cibler les utilisateurs selon des critères sociodémographiques et géographiques, en fonction de leurs centres d'intérêts et de leurs comportements ; son programme de publicité dispose d'un outil puissant pour promouvoir les entreprises, les marques, les produits, les applications et les contenus ;

6. réaliser des statistiques qui permettent de suivre les publications gratuites et payantes.

Twitter, Google+, Instagram, YouTube LinkedIn, sont des alternatives à Facebook et peuvent être utilisés de manière complémentaire.

Critères	3- La Mobilité
Descriptif	La mobilité portée par les smartphones et autres tablettes, est une composante clé de l'entreprise dans le monde numérique. Cette mobilité au sein même de l'entreprise modifie les métiers car elle est génératrice de valeurs (prise de commande simplifiée, remontée directe d'indicateurs optimisant les chaînes logistiques, aide à la vente, géolocalisation, etc.).

Critères	4- La dématérialisation
Descriptif	Une information numérique circule beaucoup plus rapidement que des informations sur papiers. En entreprise, la dématérialisation consiste en un basculement des documents papiers vers un format numérique modifiable directement, et peut aller jusqu'à une politique de « Zéro papier » lorsque la substitution est totale. Il est nécessaire, une fois les documents numérisés, de mettre en place une solution de gestion électronique des documents, afin de pouvoir les stocker et les modifier en cas de besoin. La dématérialisation entraîne aussi un meilleur suivi et une meilleure traçabilité des documents, notamment pour les personnes travaillant à distance.

Critères	5- Le travail collaboratif
Descriptif	L'objectif ici est de passer d'une organisation hiérarchique du travail à un fonctionnement coopératif. L'enjeu est de s'appuyer sur les outils de partage instantanés de l'information pour valoriser « l'intelligence collective », pour être compétitif. Des outils comme les réseaux sociaux d'entreprise sont adaptés à une collaboration des équipes qui peut apporter innovation et efficacité aux entreprises.

Critères	6- Les technologies prédictives (Big Data)
Descriptif	Le « Big Data » est la capacité à gérer l'ensemble des données structurées (base de données clients, produits, etc.) et non structurées (images, vidéos, audio, etc.) de l'entreprise afin que celle-ci puisse gagner en « agilité » et en compétitivité. Le « Big Data » présente de nombreux avantages pour le Marketing, le Décisionnel, la Finance et l'Opérationnel d'une entreprise, même de petite taille.

Toutefois, on ne devient pas une entreprise numérique du jour au lendemain. Satisfaire aux critères décrits ci-dessus doit s'accompagner d'une organisation adéquate orientée avec agilité, d'une conduite de changement[27] mise en œuvre dès le début du projet de transformation et surtout des compétences adéquates. Tout cela permet d'être une entreprise plus rapide dans la prise de décision, ouverte à l'innovation et donc plus productive.

----

27 La **conduite du changement** (parfois appelée *accompagnement du changement*) vise à faciliter l'acceptation des changements induits par la mise en œuvre d'un nouveau projet et à réduire les facteurs de rejet. Source : http://www.commentcamarche.net/contents/147-conduite-du-changement.

Etre une entreprise numérique s'accompagne nécessairement d'une ouverture du Système d'Information de l'entreprise vers l'extérieur en ne négligeant pas les problématiques de sécurité. Cette ouverture du SI doit faire partie d'une stratégie numérique pour mettre en place un ensemble d'outils et de solutions qui permettront d'ouvrir les systèmes et d'exposer les services de manière maîtrisée, sécurisée, et en conformité avec les réglementations.

Aujourd'hui encore, les entreprises africaines ont très souvent la culture du secret, très peu affichent sur leur site internet, leur chiffre d'affaire, le nombre de salariés, la liste de produit et leurs prix, etc. Ces réticences culturelles doivent être levées par les avantages à tirer de cette ouverture du SI vers des consommateurs connectés, afin d'accompagner les projets de transformation.

Il serait impossible de clore ce chapitre sans évoquer la faiblesse des infrastructures permettant de connecter l'Afrique à internet. Ces infrastructures sont l'électricité et les télécommunications, socle d'une connexion des individus et des entreprises au réseau mondial.

Une bonne connectivité à internet est l'une des conditions les plus importantes pour le développement de l'internet dans les pays africains dont la majorité des contenus auxquels ils accèdent vient des pays développés. De 2009 à 2014, la bande passante internet internationale de l'Afrique a été multipliée par vingt. Cependant, elle reste encore faible par rapport au besoin de la plupart des pays africains ; de plus, l'Afrique paye la bande passante la plus chère du monde (30 à 40 fois plus que les utilisateurs des pays développés). L'impact est direct, des coûts d'accès à internet élevés, avec une qualité des services plutôt faible.

----

28 La bande passante internationale est utilisée essentiellement pour acheminer le trafic Internet.

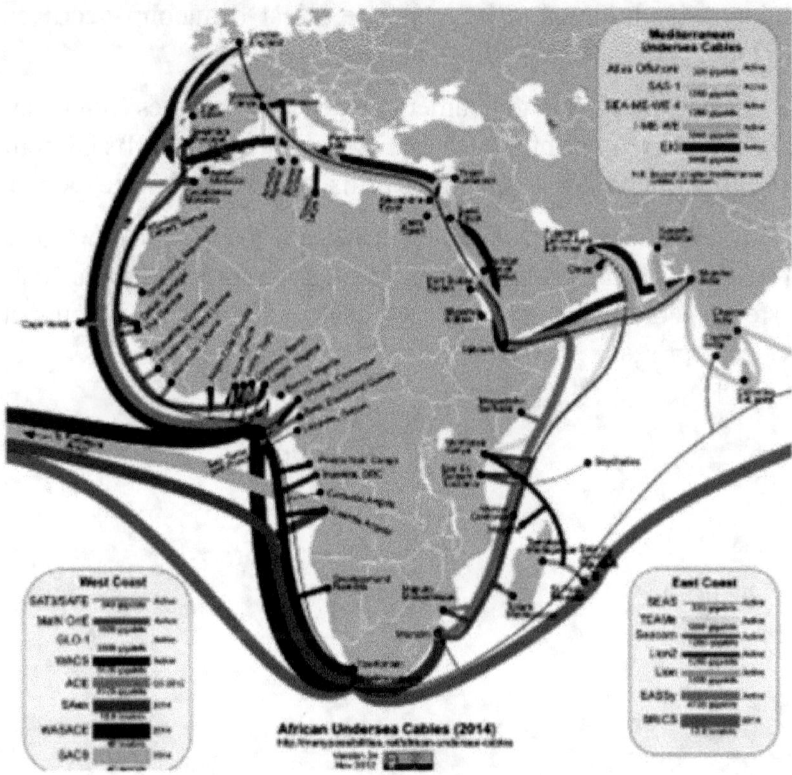

**FIGURE 1 : CABLE SOUS-MARIN A FIBRE OPTIQUE
RELAYANT L'AFRIQUE**

Il faut noter que plus la bande passante internationale est grande, plus les individus et les entreprises auront accès à une large gamme de services en ligne (page internet fluide, audio, streaming vidéo, etc.).

Concernant les infrastructures nationales qui distribuent l'internet aux clients, elles se concentrent dans les grandes villes et les zones urbaines, au détriment des collectivités rurales et isolées. Dans ce sens, le développement de l'internet mobile utilisant la technologie hertzienne large bande, s'est beaucoup accru en Afrique, celle-ci étant moins coûteuse.

Pas de transformation numérique de masse pour les entreprises sans un accès à un internet fiable et avec un débit suffisant pour faire fonctionner les applications utilisées ailleurs dans le monde.

Il faut reconnaître que l'internet africain connaît une croissance et un développement rapides ; cependant, de très gros investissements restent encore à faire pour couvrir les besoins des utilisateurs et des entreprises.

2. Du Système d'information au Numérique

L'entreprise numérique s'appuie sur un Système d'information existant, pour s'ouvrir vers le monde extérieur. Ce système d'information est très souvent difficile à appréhender pour les non-initiés. Il est donc important d'en fixer les contours, car pour les entreprises, le SI est la mémoire, la colonne vertébrale et le moteur.

La définition

Le Système d'information reste encore trop souvent assimilé à l'outil informatique, alors qu'il représente les moyens humains, matériels, logiciels et organisationnels permettant d'élaborer, de traiter, de stocker et de diffuser de l'information. Il est généralement délimité par un périmètre pouvant comprendre des sites, des locaux, des acteurs (partenaires, employés, clients, etc.), des équipements, des processus, des services, des applications et des bases de données. La figure ci-dessous est une illustration du SI d'une entreprise.

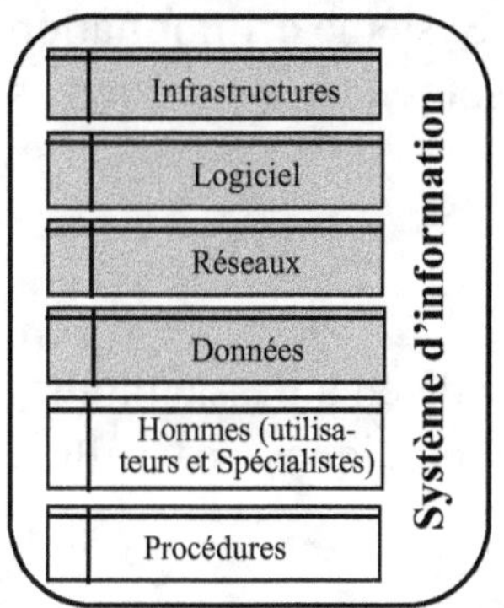

FIGURE 2 - SCHÉMA SOMMAIRE D'UN SYSTÈME D'INFORMATION

L'histoire

L'un des premiers SI à avoir vu le jour au début des années 1980, était celui de la compagnie aérienne American Airlines qui s'appelait SABRE (Semi-Automated Business Research Environment). Sa fonction principale était de permettre la réservation de billets d'avion en ligne. Ce système ne se limitait pas à la réservation aux vols de la compagnie, mais il mettait en avant les liaisons assurées par American Airlines, ce qui lui donnait un avantage concurrentiel face aux autres compagnies.

Cette recherche de la performance pour avoir un avantage concurrentiel apparaît très tôt dans les besoins des entreprises. Cette performance du Système d'Information est définie comme étant « l'adéquation entre le résultat des efforts consentis par cette organisation et les objectifs qu'elle s'était fixés ».

Le SI est aujourd'hui indispensable à tout chef d'entreprise qui veut assurer le développement et la pérennité de son entreprise. La réalité est que la grande majorité des entreprises africaines n'utilisent qu'un ou plusieurs ordinateurs équipés d'outils bureautiques, avec parfois un logiciel de comptabilité pour gérer les relations avec les clients et fournisseurs. Aux yeux de leurs dirigeants, cela suffit à suivre l'activité de l'entreprise. Bien entendu, les grandes entreprises structurées ont un Système d'Information plus élaboré qui couvrent en partie leurs besoins internes et externes de traitement de l'information.

L'évolution

Cinq générations de SI[29] se sont succédé en adressant tour à tour des problématiques utilisateurs, technologiques, mais allant

----

29 50 ans de Système d'information : de l'automatisation des activités individuelles à l'amélioration des processus et la création de valeur ajoutée : Selmin NURCAN, Colette ROLLAND, Université Paris 1 - Panthéon – Sorbonne.

toujours dans le sens d'apporter un « plus » aux organisations. Le tableau ci-dessous, issu des travaux de recherche de Selmin Nurcan et Colette Rolland, Université Paris 1 - Panthéon – Sorbonne, résume les apports clés de différentes générations de SI au cours du temps.

	G1 : automation administrative	G2 : observation du management	G3 : aide à la performance opérationnelle	G4 : infrastructure de coopération et ouverture	G5 : Management de la connaissance et mondialisation
Objectif	Accroître la productivité administrative	Gérer l'information comme une ressource sensible	Accroître la productivité au poste de travail	Générer de la valeur ajoutée au travers d'une meilleure coopération des agents	Générer de la valeur ajoutée par (a) un meilleur partage de la connaissance (b) une coopération inter organisationnelle
Forme	Processeur d'information	Raccourci spatial et temporel de la réalité	Ubiquitaire et distribué dans l'organisation	SI Web, Sites internet	Portail, réseaux sémantiques
Domaine	Applications administratives	Applications relatives aux grandes fonctions de gestion	Processus du business	Intranet, extranet, forums et espace de coordination	e-business, CRM, processus inter organisations
Technologie	Fichiers et traitements par lots (batch)	Bases de données et SGBD (Système de gestion de bases de données	Systèmes de Gestion de Workflow (ou gestion électronique de processus)	Web, internet, standard pour l'interopérabilité, BPMS (Business Proccss Management Système)	plateformes distribuées, web-services, web sémantique, workflow interopérants, patrons de bonne pratique et bibliothèques de cas
Valeur ajoutée	Automation, contrôle des coûts et **efficacité**	Information *support du management*	Productivité et valeur ajoutée au poste de travail	Création de valeur et **efficience** du management	La technologie *levier des modèles du business*

FIGURE 3 : LES CARACTÉRISTIQUES DES CINQ GÉNÉRATIONS DE SYSTÈMES D'INFORMATION

L'entreprise change pour répondre aux besoins de ses clients. Le SI joue un rôle important dans ce changement et mute pour répondre aux besoins des entreprises. Une des méthodes les plus connue pour effectuer des changements significatifs et maitrisés au sein d'une entreprise est le BPR (Business Process Reengineering) ou la réingénierie des processus d'entreprise. L'objectif recherché est d'améliorer durablement les performances de l'organisation au niveau de la qualité, des coûts, des services et de la rapidité. Le SI accompagne ces réorganisations et se place de plus en plus en support de la stratégie d'entreprise.

La démonstration n'est plus à faire, les entreprises en quête de performances voient en leur Système d'Information un atout stratégique pour les aider à atteindre leurs objectifs. Elles investissent par conséquent de plus en plus dans leur SI, mais également dans la montée en compétence de leur équipe informatique.

La concurrence de plus en plus forte entre les grandes entreprises africaines dans un même pays, voire une région, s'accompagne d'une informatisation des processus afin d'accélérer les traitements et les échanges. Elle se matérialise par l'amélioration de la productivité grâce à l'assistance informatique, le remplacement des tâches récurrentes par des traitements automatisés (source de fiabilité) et l'échange de données informatisées entre les entreprises. En Afrique, les secteurs des services comme les banques et les assurances, les télécommunications ont les SI les plus avancés.

Le niveau d'utilisation du SI par les entreprises

Il apparaît que l'utilisation des SI en Afrique est très souvent corrélée avec la taille de l'entreprise. Une exception est à noter cependant, avec les entreprises africaines de commerce qui, souvent, bien qu'elles aient un chiffre d'affaires très important, ont un SI rudimentaire. Leurs dirigeants sont souvent des selfs made men, qui ne perçoivent pas toujours l'apport du SI sur la performance de leur entreprise. Le niveau d'utilisation dans les entreprises africaines peut être synthétisé dans le tableau ci-après :

Niveau	TIC/SI	Commentaire	Type d'entreprises
1er Niveau : basic	Suite bureautique, Microsoft Office, Open Office, etc.	Des outils de bureautique, simples et fiables, permettent d'accéder au premier niveau. Ils permettent de traiter les courriers, les fichiers clients, la facturation. Avec la démocratisation de l'accès à internet, via les clés internet la recherche de fournisseurs et de partenaires devient possible.	TPE, PME, Grands commerçants
2e Niveau : maîtrise de l'activité	Logiciel métier, ERP ou progiciel de gestion intégrée.	Plusieurs collaborateurs travaillent ensemble sur le même outil, pilotage de l'activité avec des données mises en commun.	Grande Entreprise nationale
3e Niveau : décloisonnement de l'entreprise	Extranet, ouverture du Système d'information de l'entreprise à des partenaires ou des clients.	SI ouvert sur l'extérieur, informations disponibles pour les clients, utilisation des réseaux sociaux pour être proactif.	Grande Entreprise internationale

FIGURE 4 : NIVEAU D'UTILISATION DU SI PAR LES ENTREPRISES

La plupart du temps, le niveau 1, fait appel à des prestations de maintenance extérieure. Les niveaux d'usages 2 et 3 font appel à des femmes et à des hommes dont le degré de maîtrise technique et organisationnel influence la performance du SI de l'entreprise. Ces derniers ont des rôles techniques à la charge du système informatique (applications, données, infrastructure). Ils animent les équipes, choisissent les fournisseurs d'infrastructure ou d'applications, proposent les évolutions techniques et sont les garants de la fiabilité du système informatique. Très souvent, ces responsables informatiques ne participent pas aux réunions du comité de direction, car ils sont encore trop souvent relégués à des rôles limités à la technique.

Les Directeurs des Systèmes d'information (DSI) dont le rôle est plus global, intègrent toutes les fonctions (organisation, ressources humaines, marketing, commerciale, production, etc.), à la responsabilité de l'efficacité du Système d'Information. À ce titre, ils aident à la définition de la stratégie du SI. Ils ne se limitent pas à la technologie ; ils sont garants de la sécurité du système et dotés d'une grande capacité d'adaptation et d'organisation. Les DSI se retrouvent dans les multinationales du secteur de la banque, des télécoms, des assurances ou les grandes entreprises nationales.

Il est important de noter que les Systèmes d'Information entraînent une modification importante du management des entreprises et ont des effets marquants sur leur organisation entraînant une baisse des coûts , la création de valeur ajoutée, une modification de l'organisation des processus, une modification des outils de travail, une évolution du métier des utilisateurs et des analyses plus fines pour les gestionnaires.

De plus, le SI se met de plus en plus au service des dirigeants, ce qui est la meilleure manière pour eux de comprendre son importance et d'apporter à leur tour une réflexion sur son évolution au sein de leur entreprise.

Les applications fonctionnelles

Traditionnellement, ce sont pour des travaux de comptabilité générale, de facturation, de paie du personnel[30] que les ordinateurs ont été introduits dans les entreprises. Les objectifs recherchés sont d'effectuer les transactions et opérations rapidement en toute fiabilité, mais également de fournir les informations pour la gestion. Le schéma ci-dessous illustre les besoins en information selon le niveau hiérarchique[31].

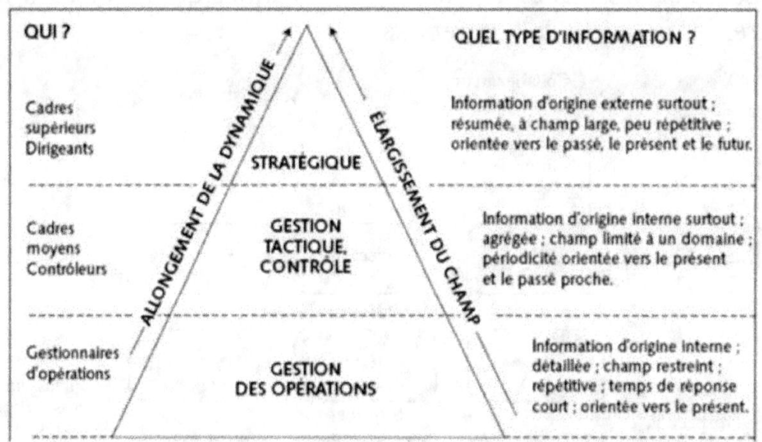

FIGURE 5 : SEGMENTATION DES BESOINS EN INFORMATION SELON LA POSITION HIÉRARCHIQUE DU DÉCIDEUR

Il apparaît que les besoins en informations des dirigeants sont de plus en plus importants, car les entreprises évoluent dans un environnement qui est de plus en plus instable, avec une concurrence accrue, une instabilité politique, une variation des prix des matières premières, une multiplication des fournisseurs, etc.

---

30 Robert REIX : Système d'information et management des organisations, 5e édition.

31 Vuibert • Systèmes d'information et management des organisations, 6e édition. R. Reix – B. Fallery – M. Kalika – F. Rowe

Cela se traduit par des besoins d'informations venant de l'extérieur de l'entreprise afin de réaliser des analyses pertinentes et de prendre les bonnes décisions de gestions. Plus on descend dans la hiérarchie, plus le champ se réduit, le besoin en information étant d'origine interne à l'entreprise, répétitif et orienté vers le présent.

Pour acquérir et gérer les informations de l'entreprise, les grandes familles d'applications fonctionnelles ont vu le jour. Le schéma ci-dessous représente les applications qui permettent de gérer les activités de l'entreprise.

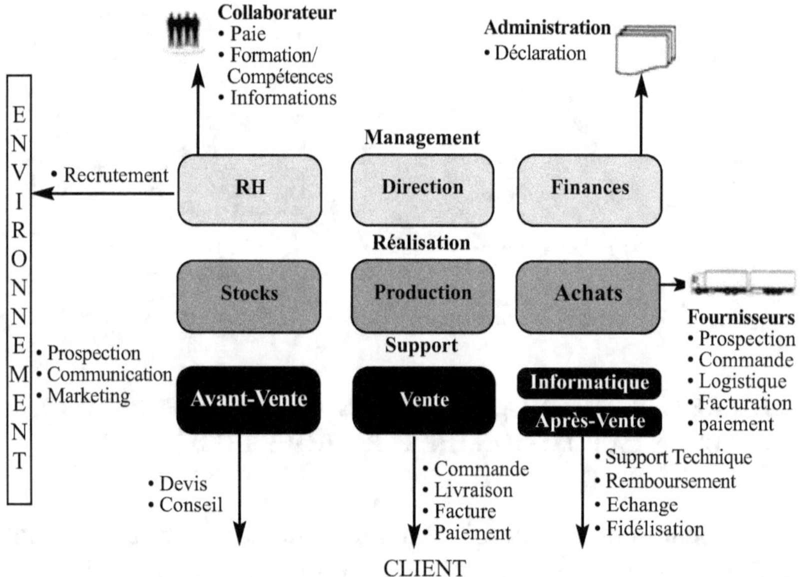

FIGURE 6 : APPLICATIONS POUR GÉRER LES ACTIVITÉS DE L'ENTREPRISE

Il y a trente ans, la plupart des SI de l'époque étaient conçus autour de systèmes de données ou de processus métier ou de systèmes spécialisés pour une fonction commerciale spécifique. En conséquence, une entreprise pouvait se retrouver avec un système informatique distinct pour les achats, un autre pour la fabrication, un troisième pour la gestion des commandes et la comptabilité. Cela entrainait de nombreuses erreurs lors des ressaisies des données d'un système à l'autre.

L'avènement des systèmes ERP« Enterprise Resource Planning » ou PGI : « Progiciel de gestion intégrée » en français, au milieu des années 1990 a permis aux entreprises d'acquérir un système unique qui englobait la plupart des processus métier (Achat, RH, finance, gestion commerciale, etc.), dans un même progiciel. Ainsi, les problèmes liés à l'intégrité des données et à l'intégration transparente d'une fonction commerciale à l'autre ont été résolus. Les achats savent ainsi qu'ils passent des commandes correctes pour l'usine, qui peuvent eux-mêmes compter sur les niveaux d'inventaire en temps réel qui sont mis à jour le moment où le produit est reçu. Toutes les transactions affichent également les fonctions comptables en fournissant des informations précises et en temps réel sur les passifs et les valeurs d'inventaire en fonction de ce qui a été acheté et reçu.

Cependant, au cours des 10 dernières années, ces systèmes ERP qui ont très bien fonctionné par le passé, ont montré leur limite. Les éditeurs ont constaté un changement de leurs marchés, causés à la fois par les besoins des entreprises et des utilisateurs. Aujourd'hui, l'entreprise doit s'adapter à un environnement commercial considérablement modifié que celui qu'elle a servi il y a dix ans. L'avènement des technologies de mobilité, cloud, etc ...ont laissé des traces.

Aujourd'hui l'ERP, prend une forme plus légère et s'appuie sur les avantages du SaaS[32], c'est-à-dire le paiement d'un abonnement mensuel à un éditeur pour accéder via internet à un logiciel. L'intérêt est de réduire les couts liés à l'installation, la maintenance, l'évolution et la sécurité d'un logiciel.

----

32 Le logiciel en tant que service ou software as a service (SaaS) est un modèle d'exploitation commerciale des logiciels dans lequel ceux-ci sont installés sur des serveurs distants plutôt que sur la machine de l'utilisateur ; source Wikipédia.

Les stratégies vers le numérique

À ce jour, une proportion encore très faible d'entreprises africaines mettent en place une réelle stratégie numérique. La stratégie numérique est une stratégie qui utilise les technologies numériques au service d'une marque, d'une société, d'un produit.

Les motivations pour mettre en place une stratégie numérique sont claires : gagner en parts de marché, développer l'entreprise mais également actionner les leviers de l'efficience et de gains de productivité.

Cette augmentation des parts de marché passe par :

• L'utilisation des outils de communication pour développer la notoriété d'une entreprise, augmenter sa visibilité ;

• La proposition de nouveaux services et la promotion des services existants de façon ciblée pour augmenter le chiffre d'affaire par client.

• L'amélioration de la satisfaction client pour favoriser la promotion des services et produits par le bouche à oreille.

• La fidélisation les clients.

Comme pour toute stratégie, la stratégie numérique cherche à répondre à un ou plusieurs objectifs. Sans objectifs précis, pas de stratégie numérique. Pour pousser la réflexion, ces objectifs doivent être reliés à des enjeux : quels enjeux servent la réalisation des objectifs ? Il est ici question de donner une cohérence d'ensemble au projet, s'assurer qu'il fait sens.

En réalité, à ce jour l'impact du numérique n'est pas le même sur tous les secteurs d'activités.

Les dirigeants doivent avoir un but avant d'entreprendre une réflexion stratégique sur la transformation numérique de leur entreprise. Les questions suivantes doivent trouver des réponses pour cadrer leurs pensées.

• Le numérique a-t-il modifié les attentes et les comportements de vos clients ? Pour l'hôtellerie par exemple, comment vos clients prennent-ils contact avec vous et comment réservent-ils leurs nuitées ? Pour le transport en bus, comment les clients prennent-ils leurs billets ?

• Connaissez-vous les pratiques de vos concurrents face au numérique ?

• Savent-ils tirer profit du numérique ?

• Le numérique a-t-il amené de nouveaux produits ou services ?

• A-t-il affaibli votre offre existante ?

Les réponses à ces questions doivent orienter le dirigeant et déterminer le degré d'urgence et la profondeur de la transformation à mettre en place pour survivre.

Le déploiement de la stratégie numérique au sein des entreprises doit s'appuyer sur la formation des différents acteurs chargés d'opérationnaliser les axes stratégiques qui ont été arrêtés.

Cependant, de nouveaux métiers du numérique sont apparus au sein des entreprises et nécessitent, soit des reconversions soit des recrutements.

L'application de la stratégie numérique va s'appuyer sur les nouvelles solutions que propose le marché et surtout sur la qualité des services internet proposées par les fournisseurs d'accès basés dans les pays africains.

Il devient donc indispensable que les dirigeants d'entreprises identifient les nouvelles tendances du marché des technologies numériques qui permettent de mettre en œuvre efficacement leurs stratégies numériques.

3. Les composantes technologiques de l'entreprise numérique et leurs nouveaux usages

Avec la démocratisation des technologies et leur coût qui sont de plus en plus accessibles, le numérique n'est plus réservé aux seules grandes entreprises. Les petites et moyennes entreprises peuvent, elles aussi, intégrer ces nouveaux outils et usages dans leurs processus, afin de créer de la valeur.

Et les bénéfices sont à la clé. Grâce aux smartphones, tablettes, stockage en ligne, outils de partage, ou encore aux solutions métiers proposées en mode Cloud, le numérique permet réellement de gagner en efficacité : gain de temps, réduction des coûts, meilleure organisation du travail et de la gestion quotidienne, fidélisation des clients et conquête de nouveaux marchés.

Un certain nombre de solutions sont aujourd'hui disponibles pour accompagner les entreprises dans leur transformation numérique. Les principales sont présentées ci-dessous.

Mobilité

L'Afrique possède un marché très dynamique sur les terminaux mobiles, et plus de la moitié des populations urbaines disposent d'un smartphone. En effet, avec la commercialisation des Smart-Phones low cost et de seconde main, les populations citadines se sont appropriés ces téléphones intelligents multi-usages (internet, photos, vidéos, musique, dictaphone, lampe Torche, agenda, radio, internet, sms, téléphone, jeux, applications diverses, etc.).

L'usage professionnel dans les entreprises des mobiles reste encore embryonnaire ; pourtant de plus en plus de collaborateurs travaillent dans des conditions de grande mobilité. Ils ont besoin d'applications métiers mobiles qui soient rapides et simples d'utilisation.

Ils peuvent aujourd'hui s'équiper d'applications connectées à leurs logiciels d'entreprises ou à leurs ERP pour transporter avec eux leurs informations clients et passer des commandes en déplacement, remonter des indicateurs, etc.

C'est une approche d'autant plus indispensable que les collaborateurs ont de plus en plus tendance à utiliser leurs équipements personnels dans un cadre professionnel. Le contournement reste la règle pour les salariés désireux d'utiliser leur smartphone ou leur tablette dans le cadre professionnel (internet, stockage de documents, envoi de mail, géolocalisation, transfert de dossiers, image, etc.)

Avec l'essor des solutions commercialisées en mode SaaS, les éditeurs d'applications proposent aujourd'hui de véritables bureaux mobiles qui permettent à un dirigeant ou à un collaborateur d'accéder en temps réel à l'ensemble des informations dont il a besoin, avec la sécurité nécessaire. En effet, la sécurité est le principal frein du côté des DSI de l'entreprise, avec les contrôles des accès et des flux qui se superposent avec les approches sécuritaires distinctes des OS mobiles (iOS / Android / Windows Phone).

Cloud Computing

Le cloud computing agit comme le principal facilitateur de la transformation numérique, en rendant possible l'implémentation rapide et sans investissement lourd de solutions nouvelles et de services innovants. Il a connu des débuts timides dans les pays d'Afrique subsaharienne, à cause de la fiabilité et de la faiblesse du débit des offres internet, mais aujourd'hui avec le boum de la téléphonie mobile en Afrique, il est en plein essor. Selon un rapport présenté par Cisco en 2013, le trafic de Cloud dans la zone Moyen-Orient et Afrique va être multiplié par six d'ici à 2018. Le rapport prévoit également que le nombre d'utilisateurs dans cette zone va tripler pour atteindre près de 60 millions d'ici à 2018, contre près de 23 millions en 2013.

Le type de cloud computing le plus utile et le plus utilisé à ce jour par les utilisateurs de petites entreprises est le service de sauvegarde en ligne. Dans ce cas, le fichier est stocké en ligne et les utilisateurs peuvent avoir accès à leurs données n'importe où, dans le monde et sur n'importe quel support (tablette, ordinateur, smartphone).

Le stockage des fichiers s'opère dans les entreprises essentiellement américaines et européennes. Ces entreprises possèdent de grands centres d'hébergement, où elles fournissent toutes les ressources pour le stockage de données à leurs clients. Il est possible de louer ou d'acheter des capacités de stockage à ces sociétés. La société californienne Dropbox propose également une certaine capacité d'espace gratuit et rencontre un succès croissant auprès des utilisateurs privés et professionnels. En mars 2016, Dropbox atteint les 500[33] millions d'utilisateurs.

Le Cloud Computing ne propose pas que du stockage à distance, il propose également d'autres types de services aux entreprises comme :

----

33 « Celebrating half a billion users », sur Dropbox Blog.

• L'infrastructure en tant que service (IaaS) est une offre pour accéder en libre-service à des infrastructures informatiques. Les clients peuvent utiliser à distance des infrastructures mises à leur disposition, en utilisant une interface utilisateur graphique basée sur le Web qui sert de console de gestion des opérations informatiques. Ici, les utilisateurs sont responsables de la gestion des applications, des données et des systèmes d'exploitation. Les fournisseurs gèrent toujours, les serveurs, les disques durs, le stockage et la mise en réseau.

• La plate-forme en tant que service (PaaS) est un modèle de cloud computing qui fournit des applications via Internet. Dans un modèle PaaS, un fournisseur de cloud fournit des outils matériels et logiciels - généralement ceux nécessaires au développement d'applications - à ses utilisateurs en tant que service. Un fournisseur de PaaS héberge le matériel et les logiciels sur sa propre infrastructure. Par conséquent, cette solution permet au client de s'affranchir, d'acquérir des infrastructures et des logiciels onéreux. Cette solution est privilégiée par les starts up qui réduisent ainsi leurs investissements de départ pour développer ou exécuter une nouvelle application.

• Le logiciel en tant que service (SaaS) est un modèle de distribution de logiciels dans lequel un fournisseur tiers héberge des applications et les met à la disposition des clients sur internet.

• La Communications en tant que service (CaaS Communication as a Service) est une solution externalisée de communication d'entreprise qui peut être louée chez un fournisseur. De telles communications peuvent inclure des applications de téléphonie sur IP (VoIP ou internet), de la messagerie instantanée (IM), de la visioconférence utilisant des appareils fixes et mobiles.

• Le réseautage en tant que service (NaaS) est la vente de services réseau à des clients qui ne veulent pas créer leur propre infrastructure réseau. Les prestations du fournisseur peuvent inclure des services tels que la connectivité réseau étendu (WAN), la connectivité du centre de données, la bande passante à la demande (BoD), les services de sécurité et d'autres applications.

Il apparaît donc que l'utilisation de ces services comprend des avantages et des inconvénients. Du côté économique, les entreprises utilisatrices peuvent faire des économies substantielles. Elles n'ont plus besoin d'investir dans des serveurs à forte capacité, mais seulement payer pour le stockage dont ils ont réellement besoin. Elles n'ont plus besoin d'installer leurs serveurs physiques dans leurs locaux et mobiliser des compétences pour les gérer. Ici, la maintenance du stockage est sous-traitée et les économies d'énergie (climatisation, serveurs) garanties.

Bien que séduit par le principe et les offres de services, la majorité des DSI se méfient encore du Cloud computing pour de multiples raisons, dont les plus importantes demeurent la sécurité et la qualité du réseau internet africain.

Big Data Analytics

Selon le Gartner[34], le Big Data (en français « Grandes données ») regroupe une famille d'outils qui répondent à une triple problématique :

• un volume de données important à traiter ;

• une grande variété d'informations (en provenance de plusieurs sources, non structurées, structurées, etc.) ;

• et un certain niveau de vélocité à atteindre, c'est-à-dire de fréquence de création, collecte et partage de ces données.

Les techniques prédictives telles que le Big Data et l'Analytics peuvent permettre à des entreprises d'améliorer leurs offres en

----

34 Gartner Inc., fondée en 1979, est une entreprise américaine de conseil et de recherche dans le domaine des techniques avancées, dont le siège social est situé à Stamford, Connecticut.

analysant les habitudes de consommations de leurs clients, permettant ainsi d'anticiper des besoins ou en détectant des tendances.

L'objectif est de transformer en revenus des données clients, en tenant compte des contraintes des protections des données à caractères privées. Les entreprises des secteurs de la distribution, des télécoms, des banques et des assurances ont ainsi pu concevoir de nouvelles offres commerciales construites sur l'exploitation de la donnée client par des spécialistes de l'analyse des données. Anticiper les besoins clients est un avantage concurrentiel pour les entreprises qui investissent dans le Big Data.

Les domaines comme la santé, l'éducation ou l'agriculture ne sont pas en reste, car ils sont de grands pourvoyeurs de données dont l'exploitation peut permettre de régler des problématiques de services publics. Ainsi, l'exploitation des données des opérateurs de télécom peut permettre d'analyser l'impact des déplacements des populations lors des épidémies, modéliser les transports, étudier les schémas de migration, analyser les données météorologiques pour lutter contre les sécheresses. Les applications sont nombreuses et variées, et doivent être soutenues par la formation de spécialistes africains de l'analyse des données de masses. Ces spécialistes pourront également aider les PME à être plus compétitives et très innovantes face aux géants du secteur comme Google ou Yahoo.

Les réseaux sociaux

Les regroupements virtuels d'individus ou d'entreprises, associations, institutions permettant à leurs membres de discuter et d'échanger sur des sites dédiés sont appelés réseaux sociaux. Les particuliers les utilisent pour échanger des informations, centres d'intérêt à travers des liens, des photos, des vidéos, etc.

Les professionnels quant à eux, les utilisent pour développer leur entreprise à travers, la promotion de leurs produits et services, les recrutements, etc.

Ces dix dernières années les réseaux sociaux connaissent un développement exponentiel, qui s'appuie sur leur immédiateté et leur rapidité. Il suffit qu'un internaute découvre un produit, un service ou une personne qui l'intéresse pour qu'il en informe en temps réel tous ses « amis » voire ses connaissances. L'intérêt pour les entreprises est évident ; il est désormais possible de toucher en une journée des dizaines de milliers voire des centaines de milliers de clients potentiels et de recueillir leurs avis. Cela permet aux entreprises de développer leur base de clients, leur notoriété et leur chiffre d'affaires.

Le plus célèbre d'entre eux est Facebook avec 120[35] millions d'utilisateurs actifs en Afrique dont 80% via mobile. Il est gratuit pour ses utilisateurs qui s'inscrivent pour retrouver d'anciens camarades de classe ou discuter avec leurs amis. Pour les entreprises c'est une vitrine formidable pour présenter ses services ou ses produits. Facebook, avec son milliard d'utilisateurs de par le monde est devenu un média incontournable, à exploiter pour développer la notoriété de votre société. L'idée de Twitter est d'envoyer de l'information courte, claire et précise, la plupart du temps accompagnée d'un lien qui développe une idée. Initiale-ment développé pour les particuliers, Twitter est désormais utilisé par les professionnels qui veulent informer en temps réel leurs clients potentiels à travers la promotion de nouveaux produits. Il permet également de parler de son actualité et d'obtenir un retour direct de ses clients.

---

35 Chiffre de septembre 2015.

Ce site gratuit connaît également un développement très important en Afrique. L'usage majoritaire est lié à la diffusion d'opinion politique. L'Égypte est le pays qui tweete le plus. En quelque sorte, il est le champion africain sur Twitter. L'étude[36] de Portland, agence de communication intégrée, basée à Londres, révèle que ce pays fournit 28 % de l'ensemble du contenu Twitter géolocalisé (soit 500 millions de tweets).

Le Nigeria, placé en deuxième position avec plus de 360 millions de tweets géolocalisés, l'Afrique du Sud avec 325 millions, le Kenya avec 125 millions, et le Ghana avec 70 millions de tweets géolocalisés, complètent le tableau des cinq pays africains les plus actifs sur la plateforme. Les pays anglophones sont les champions du tweet.

Un autre type de réseau s'est imposé au monde et en Afrique, avec pour objectif de mettre en relation des personnes voulant faire des affaires ou augmenter leur nombre de contacts. Il s'agit de LinkedIn qui a plus de 21 millions[37] d'utilisateurs en Afrique. C'est l'Afrique du Sud, avec 5 millions d'utilisateurs, qui arrive en tête des pays africains, suivi du Nigeria 3 millions d'utilisateurs et de l'Égypte 2 millions d'utilisateurs. Chez twitter certains services sont gratuits, mais accéder à l'ensemble du site est payant.

Les réseaux sociaux d'entreprises ont connu un développement à part. Ils sont destinés à regrouper les membres d'une même société, avec pour objectif de favoriser la collaboration, le travail en équipe, l'entraide, l'échange, le partage et la communication horizontale.

----

36 Source : http://www.howafricatweets.com/

37 Source : linkedIn le 10 mars 2016.

Le principal avantage des réseaux sociaux d'entreprises est de mobiliser l'intelligence collective partagée en favorisant l'échange et la communication. Pour cela, une base de données collecte les idées, les résolutions de cas, les astuces pratiques des collaborateurs clients, partenaires etc. Cette base de données a une valeur inestimable en terme de productivité, car elle permet aux collaborateurs de trouver des solutions rapidement, sans avoir à se perdre dans des documentations interminables, à se décourager ou à demander de l'aide à droite et à gauche.

Collaborer, s'entraider, en gardant des traces sont les maîtres mots de ce type de réseau. L'objectif poursuivi est tout simplement d'améliorer la productivité et la créativité des collaborateurs non seulement par l'échange, mais également par l'ambiance d'épanouissement professionnel.

Internet des objets

L'Internet des Objets (IdO) peut être désigné par le fait que des objets quotidiens ou de nouveaux objets se connectent à internet : bracelets connectés, jouets, cadres photo, appareils médicaux, capteurs de tremblements de terre, avions, etc.

Aujourd'hui, 10 à 20 milliards de périphériques sont connectés à internet, et la tendance est à la hausse.

Les trois appareils de l'Internet des Objets sont :

- Les objets connectés directement à Internet ;
- La Machine to machine(M2M), qui permet les communications entre machines et l'accès au système d'information via une technologie Bluetooth, RFID[38], Wifi ou 4G, le tout sans intervention humaine ;

----

38 RFID*radio frequency identification, echnologie d'identification automatique qui utilise le rayonnement radiofréquence pour identifier les objets porteurs d'étiquettes lorsqu'ils passent à proximité d'un interrogateur* ; source : CNRFID - Centre national de référence RFID.

• Les terminaux communicants (tablettes, smartphones).

Ces objets connectés produisent de grandes quantités de données, dont le stockage et le traitement entrent dans le cadre du big data. En logistique, il peut s'agir de capteurs qui servent à la traçabilité des biens pour la gestion des stocks et les acheminements. Dans le domaine de l'environnement, il est question de capteurs surveillant la qualité de l'air, la température, le niveau sonore, l'état d'un bâtiment, etc.

En domotique[39], l'IdO recouvre tous les appareils électroménagers communicants, les capteurs (thermostat, détecteurs de fumée, de présence, etc.), les compteurs intelligents et systèmes de sécurité connectés des appareils de type box domotique.

Le phénomène IdO est également très visible dans le domaine de la santé et du bien-être, avec le développement des montres connectées, des bracelets connectés et d'autres capteurs, surveillant des constantes vitales.

Il se vend désormais plus d'appareils mobiles que d'ordinateurs partout dans le monde, et l'écart se creuse un peu plus chaque année.

La mobilité est un concept-clé de l'IdO, qui crée des opportunités sans précédent pour les entreprises de tous les secteurs d'activités, pour améliorer leurs services, et innover, afin de mieux servir les clients.

Dans le domaine de l'agriculture, l'irrigation peut être gérée automatiquement grâce à des capteurs qui mesurent la tension du sol. Les objets connectés peuvent être également utilisés pour

----

39 La **domotique** est une spécialité du bâtiment, regroupant les techniques permettant de contrôler, d'automatiser et de programmer l'habitat, etc. Le mot **domotique** est utilisé depuis peu dans le langage ; c'est une fusion contractée des mots *domus* (domicile en latin) et « tique » un suffixe associé à la technique.

communiquer des informations sur les animaux d'un élevage, afin de prévenir les maladies. Dans le commerce de détail, des rayons « intelligents » peuvent prévenir le magasinier dès qu'un produit va être en rupture de stock.

Dans le transport et la logistique, les solutions de repérage et de surveillance des flottes de camions permettent notamment de réduire la consommation de carburants, d'optimiser les temps de transport, d'assurer un meilleur entretien des véhicules, de mesurer les habitudes de conduite des chauffeurs et d'améliorer leur sécurité.

Les possibilités sont également impressionnantes dans l'hôtellerie où les clients pourraient régler à distance les paramètres de leur chambre selon leurs goûts (température, éclairage, fond sonore).

Les objets connectés peuvent apporter beaucoup aux populations africaines, et les entreprises doivent se saisir des potentialités qui s'offrent à elles chaque jour pour proposer des solutions innovantes.

Elles doivent bien entendu tenir compte des problématiques de connectivité à internet que rencontre la plupart des pays africains.

Imprimante 3D

L'imprimante 3D (ou impression tridimensionnelle) est une technologie qui permet aujourd'hui de produire de manière autonome des objets usuels et disponibles instantanément. Peu encombrante et peu coûteuse (vis-à-vis des moyens de production « traditionnels »), ses débouchées sont multiples.

Les usages professionnels se multiplient dans la médecine, l'industrie, le BTP.

En médecine, à titre d'exemple, la réalisation de prothèses, d'implants dentaires est déjà possible. L'avantage est qu'avec cette technique, les objets sont directement réalisés à partir de fichiers numériques précis et donc parfaitement adaptés à chaque patient.

L'impression 3D se développe également en chirurgie, avec des reconstructions de parties du corps humain telles que les trachées, des parties de crâne. Des chirurgiens ont déjà implanté des stents (tubes métalliques) fabriqués par impression 3D pour maintenir une artère ouverte, ainsi que des parties de crâne en titane, un matériau biocompatible.

L'industrie compte parmi les pionnières de l'utilisation des technologies d'impression 3D, notamment dans la création de prototypes concernant les pièces de voitures, d'avions, l'outillage… Aujourd'hui, il est possible de réaliser des pièces finies et de les exploiter, car certains matériaux utilisés par les imprimantes 3D ont été certifiés par les autorités compétentes.

Cette technologie permet aux entreprises désormais de réaliser des pièces plus complexes qu'avant, pour un prix plus intéressant.

Dans le BTP, l'entreprise chinoise WinSun, construit des maisons en impression 3D. Les logements sont réalisés grâce à des imprimantes géantes. WinSun a réussi le pari de construire un immeuble de cinq étages ainsi qu'une villa de 1 000m² dans le parc industriel de Suzhou, dans l'est de la Chine. Pour réaliser cet exploit, l'entreprise a créé sa propre « imprimante », aux dimensions spectaculaires : 6 m de haut, 10 m de large et 40 m de long. Elle a également mis au point une matière peu coûteuse et répondant aux normes sismiques, composée de déchets de construction et de mine mélangés à du ciment et à de la fibre de verre. Une fois imprimées, les pièces sont assemblées par des ouvriers, qui isolent ensuite le bâtiment, installent l'électricité, la plomberie, les portes et fenêtres. Selon l'entreprise, cette méthode permet de diminuer la durée des travaux de 70%, et de réduire jusqu'à 80% les coûts de production par rapport à une construction classique.

Quelques imprimantes 3D ont vu le jour en Afrique, notamment au Kenya et au Togo, et leur particularité est qu'elles sont construites à partir de matériaux recyclés. Cependant, l'utilisation de ces imprimantes reste encore confidentielle.

La dématérialisation

La dématérialisation propose une mise au format informatique d'informations sauvegardées sur des documents papiers. Le but est de scanner des documents importants pour l'entreprise, pour obtenir un format électronique, plus facile à dupliquer et transférer grâce aux ordinateurs.

Les avantages sont nombreux, baisse du coût d'exploitation de l'information, sécurisation des documents électroniques et exploitation simultanée de ces derniers.

Les étapes principales de la dématérialisation sont la numérisation et l'archivage. La numérisation consiste à scanner l'image du document papier vers un fichier. Cette image brute est ensuite traitée afin d'en extraire le contenu sous une forme exploitable, en particulier pour l'indexation. On fait appel pour cela aux outils de reconnaissance de documents ou de reconnaissance de caractères. Les documents ainsi numérisés sont stockés, avec des règles strictes de nomination et d'archivages.

Les PME sont les prochaines cibles de cette technologie, qui aujourd'hui, est jugée encore chère.

Les drones

Le succès du drone, grand ou petit, tient à ce qu'il agrège la notion de mobilité à la prise d'images. Il est partie intégrante de la révolution numérique, comme l'est le téléphone mobile ou encore le GPS. Il donne une nouvelle dimension aux photographies et vidéos numériques qui font le succès des réseaux sociaux.

Ces objets volants sans pilote embarqué ressemblent pour la plupart à de petits hélicoptères à quatre hélices. Il en existe de toute sorte et à tous les prix : du best seller français, l'AR Drone de Parrot vendu à plusieurs millions d'exemplaires, aux drones bardés de technologie pouvant atteindre plusieurs centaines de milliers d'euros.

Télécommandés à distance ou programmés grâce à un système GPS, les drones fascinent. Ils sont une réalisation palpable et bien réelle de ce qui était, il y a quelques années seulement, de la science-fiction.

L'Afrique héberge le premier service de drones commerciaux au monde qui fonctionne à partir du Rwanda. Zipline, une société de robotique originaire de San Francisco, délivre du sang à l'aide de drones à près de la moitié des centres de transfusion sanguine du Rwanda. Les commandes se font en ligne par internet, par SMS, par téléphone ou avec l'application WhatsApp. Compte tenu de la géographie du pays qui est jalonné de colline, le drone livre en 20 minutes ce qu'une voiture met 2 heures à faire dans certains endroits reculés ou les routes sont mauvaises pendant la saison de pluies.

La société discute avec d'autres gouvernements africains pour déployer son service de drone.

Cet exemple montre que des services innovants peuvent se développer sur le continent en s'appuyant sur des règlements moins stricts que dans les pays développés. C'est une réelle opportunité de prendre de l'avance dans ce domaine.

A titre d'exemple, aux États-Unis les vols de drones ne sont pas autorisés au-delà de la vue d'un pilote.

Le Kenya a récemment déclaré qu'il permettrait l'utilisation commerciale de drones. Au Malawi, des drones ont été déployés pour transférer des tests de dépistage du VIH vers et en provenance de régions rurales du Malawi. Ailleurs, ils sont utilisés pour combattre le braconnage ou pour guider les safaris. Une start-up camerounaise dénommée Will & Brothers a récemment recueilli 200 000 $ pour commencer à assembler et produire des drones. Au Rwanda, une autre entreprise de services de drones a l'intention de construire ce qui serait le premier « Aéroport pour drones » civil du monde pour les livraisons commerciales et le transport de produits de santé.

Atlan Space est une start-up marocaine qui a développé des logiciels pour utiliser des drones pour surveiller les activités maritimes illégales comme la pêche illégale ou les déversements d'hydrocarbures.

L'agriculture est un domaine qui va bénéficier d'un apport conséquent des drones et des technologies associées, avec une planification et une stratégie basées sur la collecte et le traitement de données en temps réel. Les applications les plus prometteuses sont utilisées pour :

- Analyser les sols par la production de cartes des sols précises en 3-D, qui sont utiles pour la détermination des types de semences.

- Pulvériser les récoltes en balayant le sol de manière optimum, à la bonne hauteur et en utilisant la bonne quantité de produits.

- Surveiller les cultures. L'utilisation des images satellites a des contraintes qui vont favoriser les drones pour cette activité. En effet, les images satellites devaient être commandées à l'avance, ne pouvaient être prises qu'une fois par jour et étaient imprécises. De plus, les services étaient extrêmement coûteux et la qualité de l'image était généralement limitée certains jours.

Nous avons vu ici qu'une partie des services que peuvent rendre les drones aux entreprises, cela laisse augurer de belles perspectives pour les entreprises innovantes.

Le chapitre suivant passe en revue l'essentiel des grandes catégories de métier permettant d'accompagner la mise en œuvre de sa stratégie numérique.

4. Les nouveaux métiers du numérique

Le développement du numérique a fait apparaître des besoins spécifiques qui ont entraîné des spécialisations faisant naître de nouveaux métiers, mais impactant également les anciens.

Les nouveaux métiers du numérique ne sont pas nécessairement techniques, même s'ils restent très liés aux technologies. Les entreprises doivent former ou recruter des profils qui pourront les accompagner dans leur transformation numérique. Les métiers qui aujourd'hui peuvent aider les entreprises à faire la différence sont les suivants :

Le Data Scientists

Les datas Scientists traitent les très grandes quantités de données (non structurées et structurées) et utilisent leurs formidables compétences en mathématiques, statistiques et programmation informatique pour les nettoyer, les traiter et les organiser. Ensuite, ils appliquent toutes leurs capacités d'analyses, leurs connaissances d'un secteur, pour trouver des solutions et relever les défis de l'entreprise.

Ces profils sont réservés aux entreprises du secteur des télécoms, aux banques, aux assurances, aux leaders des secteurs du transport et des chaînes hôtelières.

Le Trafic Manager

Pour accroître la rentabilité d'un site internet, il est important que les pages internet soient vues par le plus grand nombre d'internautes.

Des stratégies et des tactiques existent. C'est là tout l'enjeu du métier de traffic manager.

Il est spécialisé dans la publicité et les statistiques sur internet.

Selon le type de campagne, secteur et cible, le Traffic Manager recommande les espaces publicitaires, les formats et les chemins de créativité. Il définit alors les aspects techniques de la campagne et les surveille. Le Traffic manager optimise la campagne au fur et à mesure qu'elle avance et cherche à offrir les meilleurs résultats possibles. À la fin de chaque campagne, il doit rédiger une évaluation de campagne.

Cette fonction est particulièrement utile pour les entreprises qui commercialisent leurs produits sur internet.

Le chef de produit web et mobile

C'est un véritable chef d'orchestre qui est responsable des projets de développement de sites et d'applications mobiles. Il gère et supervise les projets, de la conception à leur réalisation et distribue les missions à son équipe. Il possède des qualités de gestion technique et une connaissance approfondie du service à la clientèle. Les avancées des technologies numériques et le développement des applications mobiles et web font que cette spécialité est très recherchée

Le social media manager

Son principal rôle est de diriger la stratégie des médias sociaux d'une organisation afin de renforcer la visibilité et l'engagement des clients. Cela implique généralement la gestion de la présence en ligne d'une organisation en développant une stratégie, en produisant un contenu adapté, en analysant les données, en facilitant le service client.

Bien que la gestion des médias sociaux puisse jouer un rôle distinct, elle est parfois associée à d'autres responsabilités en matière de marketing et de communication, en particulier dans les petites et moyennes entreprises. Les entreprises qui comprennent l'importance d'interagir avec leurs consommateurs et leurs potentiels clients sont les potentiels recruteurs de ce profil.

Le chief data officer (CDO)

Le chief data officer est responsable des données de l'entreprise. Il est chargé d'optimiser et d'assurer (au sens technique et juridique) l'utilisation des données au sein d'une entreprise ou d'une organisation.

Dans une logique de développement commercial, l'optimisation de l'utilisation des données mises en place par le CDO vise à promouvoir les ventes, à optimiser les relations avec la clientèle ou à maximiser les revenus publicitaires dans une logique de monétisation des données.

Gartner estime que 90% des grandes entreprises auront un CDO d'ici à 2019. Le Britannique Experian prévoit une tendance similaire, jugeant que l'arrivée des spécialistes des données au comité de direction était en train de transformer leurs utilisations dans les grandes entreprises.

Le développeur d'application mobile

Le développement d'application mobile est devenu une spécialité très recherchée car, les consommateurs se connectent de plus en plus à internet via des smartphones et les tablettes. Il doit veiller à concevoir et développer des applications faciles à utiliser à partir d'un smartphone. Pour cela, les applications doivent être intuitives, faciles à manipuler avec un ou deux doigts.

Le responsable de la sécurité des systèmes informatiques (RSSI)

Dans un monde ou l'interaction entre les différents objets connectés (PC, tablette, smartphone, etc..) devient la norme, le RSSI est l'agent de sécurité des données informatiques au quotidien. Il met en place la politique de sécurité d'une entreprise et veille à son application. Son rôle est stratégique, puisque le SI est devenu central pour les entreprises. Les dégâts causés par une attaque informatique deviennent de plus en plus complexes à traiter et nécessitent un savoir-faire de plus en plus pointu des RSSI. L'expérience est ici, un gage d'employabilité pour ces profils rares mais très recherchés.

Très peu de ces nouveaux métiers sont enseignés sur le continent. Par conséquent, l'offre de formation dans le secteur du numérique doit se renouveler pour épouser les nouvelles tendances du marché. Les grandes entreprises en particulier sont les principales destinatrices de ces nouveaux profils, même si les PME audacieuses peuvent investir dans les CDO, afin de proposer des analyses aux entreprises des secteurs Télécom et les banques par exemples.

Les domaines dits du SMACS (Social, mobilité, analytique, cloud et sécurité), qui représentent les cinq domaines phares du numérique connaissent un développement inégale en Afrique, d'où la nécessité pour nos États, via les Ministères de l'Enseignement supérieur, les Ministères de l'Économie numérique, les Écoles supérieures de développer davantage des formations adaptées aux besoins des entreprises.

5. Les nouveaux usages du numérique

Les outils numériques bouleversent le monde de l'entreprise : échanges d'informations, nouveaux débouchés commerciaux, gains en efficacité, nouvelles méthodes de travail. Les opportunités sont nombreuses pour toutes les entreprises.

Dans le secteur financier, le mobile a connu un développement rapide en Afrique et impacte durablement les échanges financiers entre individus, ainsi que les modes de paiement. Le paiement par mobile appelé également m-paiement, permet de payer sans avoir besoin d'un compte en banque personnel. Il vient pallier le faible taux (11% en moyenne) de bancarisation en Afrique subsaharienne. C'est ainsi que les leaders du secteur des télécoms concurrencent de plus en plus les banques, à cause de la faiblesse du réseau bancaire et par une régulation du paiement mobile moins contraignante. Dans ce sens, l'opérateur de télécom français Orange, qui est très présent sur le continent africain, vient de racheter Groupama Banque. L'entreprise va proposer des offres bancaires comme les comptes courants, l'épargne, le crédit et l'assurance, ainsi que le paiement mobile via Orange et Groupama. Au-delà de la France, l'Espagne et la Belgique sont les prochaines cibles et très certainement l'Afrique…

Aujourd'hui, bon nombres d'Africains se sont habitués à transférer de l'argent, à payer les factures d'eau et d'électricité, l'essence, le personnel de maison ou les travailleurs, etc., via leur téléphone portable.

L'Afrique subsaharienne possède à ce jour le plus fort taux de pénétration du marché, avec près de 150 millions de comptes mobile money enregistrés, dont près de 62 millions sont actifs (c'est-à-dire plus de 90 jours d'utilisation sur l'année) selon la GSM Association. À titre de comparaison, c'est trois fois plus que l'Asie du Sud, dix fois plus que l'Amérique Latine et les Caraïbes, et 13 fois plus que l'Asie de l'Est et le Pacifique. Fin 2014, plus de 135 services de monnaie sur mobile opéraient en Afrique subsaharienne, toujours selon GSM Association.

Le succès s'explique par la simplicité et le faible coût des technologies auxquelles ce système de transfert d'argent est adossé. L'USSD[40] est la technologie la plus utilisée en Afrique, par les services de transfert mobile d'argent, car il permet aux utilisateurs d'envoyer des informations sur un réseau GSM sans connexion à Internet. Cependant, cette technologie ne propose qu'un faible niveau de sécurité, les données n'étant pas encodées.

Cela génère des flux financiers échangés de plus en plus importants, qui représentent dans l'espace UEMOA, plus de 6 000 milliards FCFA à la fin de l'année 2015, soit une hausse de 36% par rapport à 2014.

---

40 USSD : Unstructured Supplementary Service Data : qui peut se traduire en « Service supplémentaire pour données non structurées ») ; il sert à déclencher un service en réaction à l'envoi d'un SMSC (SMS de signalisation, gratuit).

Valeur des transactions financière via la téléphonie mobile au sein de l'UEMOA (*en milliards FCFA*)			
Pays	Au 31/12/2014	Au 30/09/2015	Variation
Togo	5	62	1140%
Bénin	19	119	526%
Burkina Faso	392	803	105%
Mali	811	1 151	42%
Niger	110	149	35%
Côte d'ivoire	2 333	2 682	15%
Guinée Bisseau	1	1	0%
Sénégal	192	152	-21%
Total UEMOA	**3 863**	**5 119**	**33%**
Mays-mouissi.com			

FIGURE 7 : RÉPARTITION DU VOLUME DES TRANSACTIONS FINANCIÈRES RÉALISÉES VIA LE MOBILE DANS L'UEMOA SOURCE (MAYS-MOUISSI.COM)

Les grandes familles de produits et technologies associés aux services sur mobile sont :

• Le Mobile Money qui est une technologie qui associe un compte électronique à un numéro de téléphone portable ; il permet à partir de n'importe quels téléphones portables d'envoyer de l'argent directement, sans intermédiaire, à toute personne possédant un téléphone portable. Il permet aussi d'acheter des biens et des services, de régler des factures. Le service s'appuie majoritairement sur les technologies USSD et STK[41], des téléphones à claviers numériques.

----

41 STK : SIM Application Toolkit : Le SIM Toolkit (STK) est un ensemble de commandes ou d'applications qui définissent comment une carte SIM interagit avec le monde extérieur.

Cette technologie est désormais proposée par la plupart des leaders africains des télécoms et peut potentiellement permettre aux populations africaines peu bancarisées d'accéder à des services financiers :

- La banque mobile offre une panoplie complète d'accès aux services bancaires, ainsi qu'une interactivité facilitant la relation avec les clients. Il est désormais possible de tchater ou d'utiliser la vidéo avec son conseiller clientèle, pour le choix d'un produit ou pour répondre à des questions simples. Les réseaux sociaux tels que Facebook ou Twitter, permettent de prospecter et de communiquer de manière interactive avec les clients ;

- La signature électronique via des tablettes permet de renforcer la sécurité et l'archivage des données ;

- Le crowdfunding ou financement participatif est une alternative au crédit bancaire ; il est facilité par l'usage des technologies mobiles. Les plateformes de financement participatif permettent de faire un simple don, un prêt ou directement prendre part au capital de startups.

Le numérique tisse sa toile de manière immuable dans les différents secteurs économiques, mais avec une vitesse plus au moins importante. Il est donc intéressant de se pencher sur l'impact du numérique dans les principaux secteurs économiques, en regardant comment le secteur public s'adapte à cette évolution.

Les services

Les services aux particuliers et aux entreprises ont été fortement bouleversés par l'avènement de la révolution numérique. Les métiers d'intermédiation ont été réinventés avec du référencement[42],

---

42 Référencement : Le référencement est un enjeu important, puisqu'il va générer du trafic sur le site internet et influer sur le nombre de visiteurs. Il correspond aussi à l'ensemble des actions et techniques visant à améliorer la position d'un site internet dans ces résultats de recherche (=positionnement) et à en optimiser la visibilité.

la comparaison, la personnalisation, la réservation et la gestion des transactions, éventuellement le suivi et la notation de la qualité de service.

Des acteurs majeurs comme Google sont les leaders du marché et ne se limitent plus à faire du référencement, mais ajoutent des services afin d'apporter plus de valeur à l'intermédiation et ainsi d'augmenter leurs revenus ; par exemple Home Services Ads, permet de désigner des professionnels et lors de la recherche d'un service précis (plomberie, horloger, électricien, serrurier …), d'obtenir et de comparer plusieurs devis.

La réservation en ligne de voyages et d'hébergements est l'exemple même de l'évolution du secteur. Les leaders nord-américains que sont Priceline, Booking, le comparateur Kayak, rentalcars.com, etc., ont géré, en 2014, l'équivalent de 50 milliards de dollars de réservations.

Aujourd'hui, le succès est tel que des entreprises du numérique valent autant que des États. Le tableau ci-dessous présente des exemples qui illustrent la puissance de ces entreprises.

Capitalisation boursière[43]	PIB[44]
761 Milliards $ - Apple	Suisse
377 Milliards $ - Google	Argentine
299 Milliards $ - Facebook	Algérie
200 Milliards $ - Amazon	Koweit

TABLEAU 2 - TABLEAU COMPARATIF CAPITALISATION BOURSIÈRE VS PIB ÉTAT

----

43 Capitalisation boursière au 28 avril 2017.

44 Prévision 2015 du FMI.

Il faut noter que ces entreprises ont moins de 25 ans d'existence, ce qui veut dire que le secteur numérique connaît une croissance exponentielle dont on ne sait pas encore vraiment quelles seront les limites.

L'industrie

Les entreprises industrielles ont traditionnellement tardé à intégrer les technologies numériques dans leurs processus de fabrication. Elles ont toujours plutôt misé sur la robustesse des équipements pour produire de manière fiable.

Dans ce sens, le concept d'Industrie 4.0 est né pour révolutionner la fabrication des produits. Elle se caractérise par la vision de l'usine interconnectée où tous les équipements communiquent via des connexions de type internet et, sont suffisamment autonomes et intelligents pour être capable de prendre eux mêmes leurs propres décisions. Le but ici est de mettre en place des processus de fabrication plus flexibles qui peuvent mieux prendre en compte les demandes des clients.

Aujourd'hui, l'industrie se transforme et passe de la production en série avec des produits identiques à une personnalisation de masse. Elle tente ici de tenir compte des goûts et des couleurs des consommateurs mais surtout de générer ainsi des marges significativement plus élevées que les offres fabriquées en série.

Pour cela, elles s'appuient sur les nouvelles technologies telles que la robotique avancée et l'intelligence artificielle ; les capteurs intelligents ; Le Cloud computing ; l'internet des objets ; la capture et l'analyse de données ; l'impression 3D ; le logiciel en tant que service (SaaS) et d'autres nouveaux modèles de marketing ; les smartphones et autres appareils mobiles.

Haier est un industriel chinois de l'électroménager. Ses clients spécifient les fonctionnalités qu'ils souhaitent sur leurs ordinateurs, leurs téléphones ou chez les distributeurs de Haier, et ces spécifications sont transmises directement à la chaîne de montage qui les intègre dans ses ordres de fabrication.

Cloud, les réseaux sociaux ou l'analyse de données transforment les marchés et les modes opératoires des industriels. Connecter des objets intelligents constitue un vecteur de transformation majeur de nature à bouleverser les modes de fonctionnement des sites de production ou de maintenance et d'entretien des flottes de véhicules.

En s'installant progressivement dans les usines, l'informatique a offert de nouveaux outils aux industriels, afin d'améliorer la productivité en permettant notamment l'interconnexion des chaînes de production, les échanges d'informations en temps réel entre l'atelier et les services supports (bureau d'études, méthodes, contrôle…), etc.

Mettre en place une organisation adaptée avec du personnel bien formés aux méthodes modernes, est un gage de réussite de la mutation des entreprises vers l'industrie 4.0.

Un autre aspect est l'analyse des données afin de bien comprendre le client. Pour cela les données doivent être de bonnes qualités (sans biais) et le personnel ou les prestataires retenus doivent avoir les capacités d'analyse des données de masses.

L'analyse peut alors apporter des idées qui aideront à remodeler les conceptions des produits.

Les récents sondages indiquent que plus de la moitié des entreprises ayant franchi le pas de cette nouvelle industrie obtiennent un retour sur investissement au bout de deux ans.

Comme nous le voyons, l'évolution numérique n'est plus une option mais une obligation pour les entreprises industrielles qui veulent croître dans les années futures.

Le secteur de la santé

La santé connectée commence à sortir des sentiers battus pour toucher le grand public. On parle de e-santé, pour désigner tous les aspects numériques touchant de près ou de loin la santé. Cela concerne des domaines comme la télémédecine, la prévention, le maintien à domicile, le suivi d'une maladie chronique à distance (diabète, hypertension, insuffisance cardiaque, etc.), les dossiers médicaux électroniques ainsi que les applications et la domotique[45], en passant même par la création de textiles intelligents. Quant à la m-santé, il s'agit de tous les services touchant de près ou de loin à la santé, disponibles en permanence via un appareil mobile connecté à un réseau (smartphones ou tablettes). En d'autres limites, on peut dire également que la m-Santé est l'e-Santé accessible avec un téléphone mobile ou une tablette.

Les applications de e-santé (cybersanté) sont les logiciels et les services qui gèrent, transmettent, stockent ou enregistrent des informations utilisées dans la prestation de soins de santé, de paiement ou de tenue de dossiers. Généralement, les applications de cybersanté utilisent internet pour transmettre et stocker les données des patients. Ces applications de cybersanté sont utilisées

----

45 La domotique est l'ensemble des techniques de l'électronique, de physique du bâtiment, d'automatisme, de l'informatique et des télécommunications utilisées dans les bâtiments, plus ou moins « interopérables » et permettant de centraliser le contrôle des différents systèmes et sous-systèmes de la maison et de l'entreprise (chauffage, volets roulants, porte de garage, portail d'entrée, prises électriques, etc.). La domotique vise à apporter des solutions techniques pour répondre aux besoins de confort (gestion d'énergie, optimisation de l'éclairage et du chauffage), de sécurité (alarme) et de communication (commandes à distance, signaux visuels ou sonores, etc.) que l'on peut retrouver dans les maisons, les hôtels, les lieux publics, etc., source https://fr.wikipedia.org

par les médecins, les hôpitaux, les assureurs pour enregistrer l'information sur la santé des patients.

Le déploiement de la Cyber santé comporte des avantages indéniables pour les patients qui résident dans des lieux reculés. Ils peuvent ainsi accéder aux services médicaux rapidement, efficacement et sans frais de voyage. Cela permet une utilisation plus efficace d'un nombre limité de médecins dans le pays qui peuvent « voir » plus de patients dans plusieurs endroits où ils sont nécessaires sans quitter leur établissement. La cyber santé permet aux praticiens locaux de consulter leurs pairs et des experts à distances en cas de besoin.

Au Rwanda, RapidSMS une solution mobile développée par l'unicef a été testée dans le but de réduire les taux de mortalité maternelle. Le projet repose sur la garantie de points clés de contact entre les femmes, les enfants et les centres de santés.

Ces quelques exemples confortent la place de la téléphonie mobile comme support des solutions de télésanté en Afrique. D'autres exemples sont présentés sur le sitemHealthAfrica[46] conçu pour la promotion de l'usage des technologies mobiles appliquées à la santé sur le continent africain. Ces formidables opportunités numériques encouragent à relever les défis techniques, juridiques et financiers de l'e/m-santé. Cela passe par l'implication de l'ensemble des parties prenantes : États, organisations internationales (Telecom, Santé), professionnels de santé, assureurs publics et privés, laboratoires pharmaceutiques, opérateurs téléphoniques, associations de patients.

---

46 www.mhealthafrica.com/

Le BTP

Le secteur du BTP a la réputation d'être conservateur et bien que des logiciels de conception comme Autocad soient utilisés, l'emploi des plans en papiers reste encore largement répandu. Les experts du cabinet McKinsey qui se sont penchés sur le sujet dans une étude réalisée en Europe estiment que dans le BTP, les processus restent largement dominés par le papier et les traitements manuels.

Une récente étude américaine menée par le cabinet JBKnowledge montre que la majorité des plus grandes entreprises du secteur du BTP attribuent moins de 1% de leur chiffre d'affaires aux TIC. La moyenne pour les grandes entreprises aux États-Unis (avec un chiffre d'affaire de plus de 2 milliards de dollars) dans toutes les industries, est de 3,5%. Cela signifie que le secteur du BTP dépense moins d'un tiers de ce que les autres secteurs dépensent pour les TIC.

Cependant peu à peu, des innovations de plus en plus nombreuses en lien avec le numérique apparaissent pour faciliter la conception ou la vie des chantiers.

Dans ce sens, la modélisation numérique est un outil précieux pour faciliter la conception et le suivi des constructions en permettant une rationalisation des coûts et un meilleur respect des délais. Elle se traduit par le concept de Building Information Modeling (BIM) qui s'appuie sur des processus, des procédures, une maquette numérique en 3 Dimension et qui contient des données intelligentes et structurées. Le BIM permet au secteur du BTP de se rapprocher de l'industrie.

La réalité virtuelle permet de modéliser les avancées des travaux et de les partager avec les clients. Cela permet de les rassurer sur l'évolution des travaux et de se projeter sur les résultats finaux.

Les engins ne sont pas en reste car les constructeurs ont travaillé à améliorer la productivité, l'efficacité des opérations et la sécurité sur les chantiers. Le numérique s'est donc invité sur les engins pour aider à la navigation, au pilotage et aux tâches productives du quotidien. La consommation, les ralentis, les anomalies, les pannes, sont transmis à une base et sont analysés afin d'apporter des améliorations dans l'utilisation des machines au quotidien.

Le poids du secteur du BTP dans l'économie des pays et dans le monde, devrait permettre d'accélérer sa mutation vers un monde numérique qui regorge d'opportunité pour améliorer la productivité des chantiers et accroitre ainsi la rentabilité des entreprises du secteur.

L'agriculture

L'agriculture est un secteur clé pour le développement des pays, car il permet d'obtenir une indépendance alimentaire. Aujourd'hui de par le monde, une pléiade de solutions en lien avec les technologies numérique sont utilisées pour accroitre les rendements des champs, prévoir la météo, mieux s'occuper des animaux, assurer la traçabilité des productions et tout cela en réduisant les impacts environnementaux

En effet, les technologies numériques et l'analyse des données transforment l'agriculture, facilitant ainsi la vie des agriculteurs mais surtout en rendant les opérations sur le terrain plus performantes et efficaces.

Les enjeux sont là, nourrir mieux une population mondiale de plus de 7 milliards d'individus. Pour cela, des capteurs placés dans les champs permettent aux agriculteurs d'obtenir des cartes détaillées de la topographie et des ressources de leurs cultures, ainsi que des variables telles que l'acidité et la température du sol. Ils peuvent également accéder aux prévisions climatiques pour prédire les conditions météorologiques dans les prochains jours et semaines.

Les agriculteurs peuvent aujourd'hui utiliser leurs smartphones pour surveiller à distance leurs équipements, leurs récoltes et leur bétail, ainsi qu'obtenir des statistiques qui permettent d'orienter leurs décisions d'investissement. Ils peuvent même utiliser cette technologie pour exécuter des prédictions statistiques sur leurs cultures et leur bétail.

Les drones de par leur facilité d'utilisation sont devenus un outil précieux pour les agriculteurs américains qui ont des surfaces de terres importantes à gérer. Ils les utilisent pour examiner leurs terres et générer des données pour mieux détecter rapidement les baisses de rendements de leurs cultures et prendre les bonnes décisions au bon moment.

Les équipements agricoles aussi deviennent intelligents avec des tracteurs reliés à internet et à des logiciels qui permettent de produire des données sur les rendements des cultures. À l'instar des voitures intelligentes, le leader américain de la fabrication d'engins agricole John Deere propose des tracteurs autonomes, ce qui permet aux agriculteurs de se libérer pour réaliser d'autres tâches plus à valeurs ajoutées comme l'analyse des données ou la vente de leurs produits.

L'Afrique n'est pas en reste, avec des start-ups comme e-Tumba, qui ont développé des stations météos connectées permettant notamment aux agriculteurs africains de recevoir des conseils en temps réel. L'objectif est clair : améliorer les rendements agricoles de zones technologiquement peu équipées. Les sondes des stations météo peuvent recueillir des informations telles que les taux d'humidité ou d'ensoleillement. Le système s'adapte à de nombreuses cultures et les conseils prodigués par une interface sont basés sur des calculs scientifiques. En effet, c'est un algorithme qui permet de calculer les actions à réaliser sur la parcelle en fonction des conditions.

Une fois les paramètres enregistrés et les données récoltées, la situation est représentée en temps réel sur ordinateur, tablette et smartphone. Des conseillers agricoles, peuvent alors eux-mêmes aider les agriculteurs à obtenir de meilleurs rendements.

Ce système est disponible et gagnerait à être reproduit partout en Afrique pour le plus grand bien des états en quête d'autosuffisance alimentaire.

L'école, l'université et la formation continue

Dans l'éducation et la formation pour adultes, il n'y a pas de domaine qui n'est pas touché par la révolution numérique. Aujourd'hui, la technologie transforme la façon dont la connaissance est transmise aux apprenants. Internet joue désormais un rôle important dans l'écosystème éducatif numérique.

Avec un marché mondial de la connaissance de plus en plus concurrentiel, il est essentiel de s'appuyer sur des méthodes d'enseignement novatrices, qui se focalisent sur l'apprenant afin d'améliorer les résultats d'apprentissage.

Les établissements scolaires, peuvent aujourd'hui déployer des Espaces Numériques de Travail (ENT) en ligne et qui sont sécurisés.

Des sociétés informatiques proposent ainsi des portails web qui permettent de gérer toute la vie scolaire ; les notes des élèves, les absences, la planification des cours, les informations à destination des enseignants et des parents, des espaces de travail collaboratif, etc...

Toutes les parties prenantes (enseignants, élèves, parents, personnels administratifs) peuvent ainsi se connecter via leurs ordinateurs, leurs tablettes, leurs smartphones ou tout autre objet connecté. Ces solutions constituent une extension numérique de l'établissement scolaire qui s'ouvre vers le monde extérieur en améliorant ainsi le service proposé aux différents acteurs de l'écosystème scolaire.

Les tablettes tactiles ont fait leurs entrées dans l'enseignement dans de nombreux pays et ce dès la maternelle ce qui ouvre des perspectives pédagogiques et d'apprentissages prometteuses.

La formation continue quant à elle, n'est pas en reste car depuis plus d'une dizaine d'années déjà, l'offre de formation en ligne se développe sur tous les continents. Aujourd'hui, ce marché est estimé à plus de 50 milliards de dollars dans le monde.

De nos jours, internet permet le développement de nouvelles offres de formations à travers des chaines éducatives sur ITunes, Google, YouTube etc...

L'usage de plus en plus courant des smartphones a permis l'éclosion d'une nouvelle offre ; le m-Learning[47]. Cette offre permet de pouvoir apprendre voir de réviser de partout, à partir du moment où on a accès à une connexion au réseau GPRS des opérateurs de téléphonie.

Les MOOC[48], au-delà de leur aspect pratique, offrent un nouveau modèle de business pour les universités et autres centres de formation. Certains cours sont payants ou impliquent de regarder

----

47 m-Learning : Le Mobile Learning est une formation e-Learning adaptée aux usages mobiles des apprenants. Il est apparu récemment et permet de délivrer des formations à distance sur d'autres supports que les ordinateurs.

48 Abréviation de Massive Open Online Course qui signifie « cours ouvert en ligne et massif ». Ces cours, dispensés uniquement en ligne, sont accessibles à tous par inscription. Source www.linternaute.com/dictionnaire/fr/definition/mooc/

des publicités avant le cours. Les meilleurs enseignants des grandes universités américaines peuvent réunir des centaines de milliers d'apprenants pour suivre un cours qui démarre à une heure fixe.

Les innovations ne s'arrêtent pas là, avec la naissance des COOC (Corporative Open Online Courses) qui sont des MOOC pour les entreprises. Et le SPOC représente le petit cours privé ouvert. Contrairement au MOOC et au COOC, l'objectif d'un SPOC est de s'adresser à un petit groupe de personnes et de leur offrir un cours sur mesure.

Les professeurs, les experts, les consultants, les étudiants, les génies en herbe et toutes les personnes expérimentées peuvent aujourd'hui créer leur chaîne Youtube. Des contenus simples ou plus élaborés peuvent être mis en ligne rapidement pour transmettre le savoir. Des projets ambitieux sont en cours d'élaboration pour former la terre entière tant que les apprenants sont connectés à internet.

Le transport

Les technologies numériques ont des répercussions importantes dans le secteur des transports. De nouveaux modèles économiques sont nés, qui permettent d'améliorer l'efficacité des transports en améliorant la qualité de service.

Dans le domaine du transport urbain des plateformes de mise en relation d'automobilistes et de passagers rencontrent un succès formidable qui malgré des résistances plus ou moins fortes, continuent de se développer dans le monde. Uber, blablacar, etc., innovent régulièrement pour répondre aux besoins des clients qui deviennent de plus en plus exigeants.

La startup Stuart propose à des particuliers de devenir des coursiers pour des entreprises ou des particuliers. Amazon, travaille sur la livraison de colis en drone. Les enjeux sont ici, de désengorger les routes et de ne plus faire appel à des livreurs. Des résistances sont à prévoir dans le secteur de la livraison si le projet voit le jour. Le transport de marchandises est également touché depuis que l'informatique s'est invitée dans les camions modernes.

Des échanges de données sont désormais possible en temps réels entre une plateforme de gestion et les camions via leurs ordinateurs de bords. Les informations sur les camions, les conducteurs sont utilisés pour améliorer l'efficacité des services proposés. Un certain nombre de fonctionnalités tel que la géolocalisation, le géofencing[49], la génération d'alertes (non-respect des itinéraires, zones ou corridors prédéfinis, intrusion, décrochage de remorques, etc.), l'affectation des missions et communication avec les conducteurs, l'aide à la navigation et à la conduite (évaluation du style de conduite, etc.), suivi de l'avancement des livraisons et information clients (aléas, retards, etc.), gestion sociale (suivi des temps de conduite), ou encore suivi technique de la flotte pour la maintenance sont désormais proposés par des entreprises du secteur du logiciel.

Le numérique contribue à une part de plus en plus importante du chiffre d'affaire des compagnies aériennes. La plupart d'entre elles ont développé des applications mobiles qui permettent de s'enregistrer en ligne et proposent internet en vol grâce aux accès Wifi. Choisir sa place directement à partir de son smartphone avant le vol, rajouter une valise supplémentaire etc, sont rentrés dans les habitudes des voyageurs.

Le secteur du transport aérien a toujours été un précurseur dans l'utilisation des technologies numériques et influence les autres moyens de transport par ces avancées.

Dans ce secteur, le rôle du numérique est d'innover pour rester en avance sur les concurrents.

----

49 Geofencing : fonctionnalité qui permet de Surveiller à distance la position et le déplacement d'un camion et de prendre des mesures si la position ou le déplacement s'écarte de certaines valeurs fixées d'avance.

Les compagnies aériennes, à titre d'exemple, utilisent des applications informatiques non seulement pour réaliser l'enregistrement pour, les vols en ligne et fournir des cartes d'embarquement virtuelles. Elles exploitent également le canal d'internet pour recueillir les avis des clients à la fin des vols, pour fidéliser les clients à travers des programmes de fidélisations très élaborés, mettre à jour en temps réel les informations sur les vols. Les compagnies innovantes travaillent aujourd'hui sur des applications de suivi des bagages. Les aéroports ne sont pas en reste et travaillent sur des solutions d'authentification à l'aide de données biométriques (telles que la reconnaissance faciale, de l'iris des yeux et des balayages d'empreintes digitales). Des essais de points de contrôle virtuels dans les aéroports ont déjà commencé et l'utilisation de contrôle d'iris et d'autres données dans le processus d'embarquement sont également explorées. Les avions participent également à l'amélioration du service au client avec l'accès au WiFi en vol, des cabines d'avions intelligentes qui vont proposer des capteurs intégrés aux sièges pour surveiller la fatigue, la température ou les niveaux d'hydratation des passagers et réaliser une adaptation automatique de l'environnement de la cabine ou inciter l'équipage à prendre une action particulière.

Ces évolutions dans le secteur du transport aérien entrainent des besoins croissants en sécurité. En ce sens, la question de la cyber sécurité est cruciale autant dans le contexte civil que dans le contexte militaire. Que ce soit pour empêcher le piratage d'un avion ou un drone civil par un groupe terroriste ou un pouvoir ennemi, le problème reste le même ; il s'agit de protéger les échanges des données.

Le numérique accompagne de manière de plus en plus étroite le développement des transports et promet encore de belles innovations.

Le secteur public

Dans le monde entier, les états mettent en place des projets et des initiatives de transformation numérique pour améliorer le service au citoyen et réaliser des économies.

La contribution du numérique à la modernisation du secteur public n'est plus à démontrer. En effet, la simplification des procédures administratives et l'administration numérique se présentent comme un ensemble indissociable.

Ces transformations se produisent à tous les niveaux : national, régional, local, ... Ils se déroulent également dans les services du secteur public tels que les transports publics et les soins de santé.

Les objectifs recherchés sont d'accroître l'efficacité et la transparence, améliorer et aligner les processus, développer les villes intelligentes, attirer de nouveaux investisseurs, combler le fossé numérique, transformer les services gouvernementaux, améliorer la satisfaction et la confiance des citoyens.

L'Australie a lancé en 2015, le Bureau de la transformation numérique. Le premier objectif affiché étant de créer une identité numérique unique pour permettre aux citoyens d'accéder aux services gouvernementaux avec un processus d'ouverture de session sécurisé. Aux États-Unis, le « Service numérique des États-Unis » est censé transformer la manière dont le gouvernement fédéral traite les citoyens.

De plus en plus de pays mettent à la disposition du grand public et des entreprises des données qu'ils collectent afin que ces dernières soient exploitées. En encourageant l'utilisation, la réutilisation et la distribution gratuite des données, les gouvernements favorisent ainsi la création d'entreprises et des services innovants axés sur le citoyen. De belles opportunités qui favorisent la transparence, la responsabilisation et la création de valeur en mettant les données gouvernementales à la portée de tous.

Dans cette optique, le Kenya est devenu le premier pays africain à lancer un portail d'accès libre aux données sur l'énergie, la santé, la population, la pauvreté, à l'eau et à l'assainissement. Seuls quelques pays (dont l'Australie, le Canada, le Royaume-Uni et les États-Unis) ont lancé des portails similaires.

Le programme d'accès libre aux données du Kenya s'inscrit dans une politique plus large pour trouver de nouvelles pistes d'utilisation de la technologie pour accroître la participation civique, soutenir l'innovation et rendre le développement plus participatif et transparent.

Tous les gouvernements africains devraient suivre les traces du Kenya et utiliser tous les ressorts du numérique pour se transformer. Les résultats attendus sont pleins d'espoir car sont en jeu :

- La transformation de l'administration, par des processus innovants, afin d'être plus intégrés, plus efficaces et plus agiles pour répondre aux changements.

- La transformation des services publics, en offrant une expérience omni-canal (tous les canaux de contact entre l'état et les citoyens sont utilisés et mobilisés) transparente et en tirant parti des données pour optimiser les flux de valeur des services dans les programmes gouvernementaux.

- La transformation du pays, en permettant aux citoyens et aux entreprises d'être plus productifs et engagés dans le tissu social de leur communauté.

Les technologies numériques influencent de plus en plus des secteurs entiers de l'économie mondiale et les entreprises africaines qui sont de plus en plus ouvertes vers le monde, s'intègrent doucement dans un système mondial qui se numérise de plus en plus. Passer d'une position d'utilisateur à celle de concepteur des solutions et services numériques doit être l'objectif des entreprises africaines. Mais pour cela, il faut se transformer, et le prochain chapitre en indique le pourquoi.

6. Pourquoi faut-il se transformer maintenant ?

Pour de nombreuses entreprises, le changement est un mode de vie. En fait, les entreprises doivent changer afin de survivre. La transformation de l'entreprise s'attaque au changement organisationnel fondamental qui influe sur la façon dont ses activités principales sont menées. Ce besoin de changement de transformation peut être causé par des facteurs internes ou externes, mais le résultat est un changement dans la façon dont l'organisation se rapporte à son environnement économique plus large. Toutes les fonctions de l'entreprise sont impactées des achats, aux ressources humaines, en passant par l'exploitation et la technologie, les ventes et le marketing.

Les entreprises ne décident pas de se transformer sur un coup de tête, car c'est un processus qui, s'il n'est pas maitrisé peut s'avérer risqué et coûteux. Elles font la démarche, quand elles n'ont pas réussi à évoluer dans leur secteur d'activité en proposant des produits et services adaptés à ses clients. La concurrence et les changements technologiques peuvent être également à l'origine d'une nécessité de changement d'une entreprise.

Révolution ou évolution, la transformation doit être visible en interne et en externe. Les clients tout particulièrement doivent sentir que l'entreprise change pour mieux la servir.

La transformation numérique aujourd'hui trouve sa raison d'être dans le tryptique des moteurs de la transformation évoqués plus tôt. Et par conséquent, elle touche toutes les entreprises de tous les secteurs.

Une étude du MIT et de Capgemini Consulting[50] fait apparaître une distinction entre 4 types d'entreprises dans les pays occidentaux :

- Les « beginners » qui sont estimés à 65% des entreprises. Ils sont la majorité et ont adopté les e-mails avec un site internet, et utilisent une grande variété de logiciels, tels que les réseaux sociaux, les applications mobiles ou les outils de « Big Data » ;

- Les « conservatives » qui sont estimés à 14%. Ils ont délibérément choisi de ne pas faire du numérique une priorité stratégique, bien qu'ils aient souvent une gouvernance claire concernant l'adoption et la diffusion des nouvelles technologies dans leur entreprise ;

- Les « fashionistas », ils sont estimés à 6%. Ils sont prompts à adopter les innovations numériques, mais manquent de coordination, de gouvernance et de cohérence d'ensemble pour transformer globalement leur métier ;

- Les « digirati », ils sont estimés à 15%. Ils partagent une vision très forte des opportunités du numérique et investissent massivement sur le sujet. Ils croient profondément au numérique et le voient comme un levier de compétitivité, d'amélioration des conditions de travail et d'innovation.

L'étude révèle que ce sont les « digirati » qui sont les plus performantes tant en ce qui concerne la croissance du chiffre d'affaires, que la rentabilité et la valeur de l'entreprise. Elles restent encore minoritaires.

----

50 Embracing Digital Technology: A New Strategic Imperative (https://www.capgemini-consulting.com/embracing-digital-technology-a-new-strategic-imperative).

Cette étude renforce l'idée qu'une stratégie numérique signifie avant tout pour les entreprises africaines une démarche orientée sur la croissance, l'amélioration et la consolidation du chiffre d'affaires. De surcroît, qui dit transformation numérique dit aussi leviers d'efficience et gains de productivité.

Face à l'ampleur des changements, les entreprises doivent résolument engager leur transformation numérique, si elles veulent rester compétitives. Si cela est facile à dire, dans les faits, les freins sont aussi nombreux que réels.

Ceci montre que le succès des GAFA (Google, Apple, Facebook et Amazon) et autres NATU (Netflix, AirBnB, Tesla, Uber) n'est pas le fait du hasard, mais d'une volonté d'investir massivement dans de nouvelles activités. A ce propos, il faut noter que les 4 entreprises du GAFA ont une capitalisation boursière totale supérieure aux 40 entreprises du CAC40[51] (1 555 milliards de dollars, alors que le total du CAC40 fait 1 470 milliards de dollars). Le CAC40, est encore dominé par des entreprises traditionnelles (Hydrocarbure, automobile, chimie, finance,) avec une moyenne d'âge de 105 ans. Par contre aux USA le NASDAQ[52], est dominé par les entreprises du secteur des nouvelles technologies avec une moyenne d'âge de 15 ans. Aux Etats Unis, l'investissement massif dans les entreprises innovantes du secteur des technologies leur permet de rayonner dans le monde entier.

Les investisseurs en Afrique doivent croire aux start-up du continent et investir sur elles ; en 2015 plus de 66 milliards de dollars ont été investis dans les start-up américaines contre

----

51 Le CAC 40 est un indice boursier regroupant les 40 plus importantes capitalisations boursières françaises cotées à la bourse de Paris. « CAC » signifie « Cotation assistée en continu ». Le CAC 40 est utilisé comme un indicateur de l'évolution économique des grandes entreprises françaises.

52 NASDAQ (National Association of Securities Dealers Automated Quotations) deuxième plus important marché d'actions des États-Unis, en volume traité, derrière le New York Stock Exchange. Il est le plus grand marché électronique d'actions du monde. Wikipédia

2 milliards de dollars aux start-up Françaises. Les start-ups africaines quant à elles ont mobilisé près de 370 millions de dollars en 2016 selon le fonds d'investissement Partech Ventures.

7. Les nouveaux risques

La transformation numérique des entreprises implique un flux de données de plus en plus important. Aujourd'hui, divers types de systèmes (réseau social d'entreprise, mobile, big data, cloud, etc.), communiquent les uns avec les autres pour répondre aux besoins de plus en plus forts des clients d'avoir des réponses dans l'immédiat. Ces évolutions qui se sont faites rapidement entraînent des risques *qu'il s'avère* important d'identifier et de maîtriser.

L'enjeu pour les chefs d'entreprises est d'évaluer les risques liés à la transformation numérique de leur société et de garantir, la disponibilité, la continuité et la protection des données et des applications. Les changements qu'entraine la transformation numérique dans le Système d'Information et l'organisation de l'entreprise font apparaitre de nouveaux risques.

Toute l'entreprise doit être sensibilisée sur ces nouveaux risques et formée aux bonnes pratiques. Ces risques sont principalement ceux liés à la multiplication des interconnexions entre Système d'Information qui sont inégalement protégés. C'est le cas par exemple, d'un ordinateur professionnel bien protégé qui est connecté avec un smartphone personnel mal protégé. Une vulnérabilité sur le smartphone peut impacter l'ordinateur personnel. La fuite de données sensibles par les nouveaux usages des BYOD[53], les plateformes collaboratives, etc., complexifie la sécurisation

---

53 **BYOD**, abréviation de l'anglais « **bring your own device** » (« apportez vos appareils personnels ») ; en français, PAP pour « prenez vos appareils personnels » ou AVEC pour « apportez votre équipement personnel de communication », est une pratique qui consiste à utiliser ses équipements personnels (smartphone, ordinateur portable, tablette électronique) dans un contexte professionnel.

des informations manipulées et augmente ainsi le risque de fuite de données sensibles.

Le rôle et les responsabilités des Responsables de la Sécurité des Systèmes d'Information (RSSI) quand ils existent dans les entreprises, changent en se complexifiant. Ils doivent avoir des compétences sur la transformation numérique, pour appréhender et mesurer son impact sur le Système d'Information. Ils doivent également identifier les risques spécifiques à la transformation numérique et sensibiliser les différentes parties prenantes à les éviter. Les pirates informatiques mal intentionnés ont de l'avance dans l'exercice de leurs funestes activités. Ils s'attaquent désormais aux tablettes, smartphones, et autres objets connectés en piratant les échanges de données entre ces différents appareils connectés. La cyber sécurité devient une priorité stratégique clé pour les entreprises numériques (avec la conformité et l'utilisation des données).

Gartner prédit que d'ici 2020, 60% des entreprises numériques subiront d'importantes défaillances de leurs services en raison de l'incapacité des équipes de sécurité informatique à gérer les risques numériques.

Plus une entreprise est avancée dans sa transformation numérique plus elle devient vulnérable aux failles de sécurité qui pourraient donner lieu à de fortes amendes ou à la détérioration de la confiance des clients.

Le risque d'atteinte à l'e-réputation est un nouveau phénomène dont l'impact et la probabilité d'occurrence sont accentués par la multiplication des canaux de communication que l'entreprise a déployés dans le cadre de sa stratégie numérique (pages Facebook, LinkedIn, Viadeo, Twitter, etc.). La qualité des produits et des prestations est désormais discutée avec un nombre croissant de clients ce qui accroit les risques sur la réputation de l'entreprise en cas d'insatisfaction. L'information qui était maitrisée au sein de l'entreprise est désormais exposée au grand public.

Les mésaventures des entreprises sont appelées « Bad Buzz » et il y en a une qui a particulièrement défrayé la chronique il y a déjà quelques années.

En 2008 un chanteur canadien appelé Dave Carroll se rend aux Etats-Unis en provenance de son pays. Sa guitare qui voyage en soute pour des raisons de sécurité est endommagée lors d'une escale. Les réclamations du chanteur sont restées désespérément vaines. Le chanteur se décide de raconter sa mésaventure à travers un clip video qu'il poste sur Youtube. Le titre de la chanson est « United breaks guitars ».

Le clip est vu plus de 5 millions de fois en moins d'un mois, avec un impact désastreux pour la compagnie UNITED ;

L'action dévisse de 10%, entrainant une perte évaluée à 180 millions de dollars pour les actionnaires.

Aujourd'hui cette vidéo a été vue plus de 17 millions de fois…

PARTIE 2 : RÉUSSIR SA TRANSFORMATION

Malgré un environnement qui n'est pas toujours favorable pour les entreprises africaines notamment par la faiblesse des infrastructures, le manque de cabinets spécialisés pour accompagner les entreprises, le manque de formations adaptées pour le personnel, il est possible pour les entreprises de réussir leur transformation numérique. Les bénéfices pour l'entreprise sont indéniables en interne elles peuvent s'attendre à la diminution des dépenses d'exploitations, à l'efficacité accrue des collaborateurs et en externe à une relation client enrichie entre autre. Pour cela, la mise en place d'une stratégie numérique adaptée aux contraintes africaines et partagée par toute l'entreprise, est la solution.

La direction générale a un rôle primordial a joué dans la décision d'entamer une transformation, car elle porte la vision de développement de l'entreprise. Dans les faits, c'est une culture numérique qui doit être partagée en s'articulant autour de l'agilité d'un management qui favorise les initiatives, reconnaît les réussites, sait favoriser les apprentissages liés aux échecs et enfin sait répondre aux envies des salariés. Cette culture numérique ne pourra se déployer qu'avec une forte confiance mutuelle entre le management et les collaborateurs.

1. Passer au numérique n'est pas une aventure

La révolution numérique modifie durablement le comportement des consommateurs, intensifie la concurrence entre les entreprises nationales et internationales. Face à ce nouvel écosystème et afin de garder toute compétitivité, l'entreprise doit repenser son business model en y intégrant la dimension numérique comme source de valeur.

Pour une entreprise, se lancer dans sa transformation numérique, peut paraître une aventure difficile à surmonter, car cette transformation n'est pas que technologique, elle réunit aussi dans une même évolution des thématiques d'infrastructures, d'usages, d'organisation et de culture.

Au départ, il faut des dirigeants qui ont pris le temps de comprendre les enjeux et les impacts sur leurs activités, leur organisation et leur Gestion des Ressources Humaines. Cela est très important, sinon c'est l'échec assuré.

Le numérique concerne l'entreprise dans son ensemble et impacte en premier lieu la stratégie, en bouleversant les modèles économiques des entreprises. Internet a révolutionné la vente avec la désintermédiation, qui permet de réduire les intermédiaires et de vendre directement au client final ; Compagnie aérienne vendant directement les billets en ligne au détriment des agences de voyages, musicien proposant ces albums sans passer par les maisons d'édition. Le recrutement en ligne directement par les entreprises est rentré également dans la norme, pour les profils disponibles sur le marché. Le numérique entraine une évolution dans le management des entreprises, car il impose de nouvelles relations entre les collaborateurs (réseaux sociaux d'entreprise), en impactant les liens hiérarchiques. Les digitals natives[54] bien informés et plus « agiles » que les anciens, ne se managent pas de la même manière. Les ressources humaines, déploient des techniques nouvelles de recrutement de plus en plus sophistiquées, cv recueillis en ligne et analysés par des moteurs intelligents pour présélectionner les meilleurs profils.

La transformation numérique est-elle une aventure ? Wikipedia, définit une aventure comme une suite de péripéties et de rebondissements, constituant le plus souvent la trame d'une histoire fictive ou réelle ; il peut également s'agir d'un événement fortuit, de caractère singulier ou surprenant, qui concerne une ou plusieurs personnes.

L'aventure du numérique est une expression souvent utilisée pour désigner la difficulté pour atteindre les objectifs fixés par les entreprises. Cependant, un projet de transformation numérique s'appuie sur une stratégie qui va être la colonne vertébrale de sa mise en œuvre dans l'entreprise. Sans stratégie numérique l'entreprise s'expose à un saupoudrage des technologies numériques au gré des besoins sans forcément une cohérence et un but à atteindre.

Il est donc indispensable de s'appuyer sur une feuille de route claire et précise pour formaliser la transformation de son entreprise, le chapitre suivant propose une démarche à l'attention des dirigeants.

----

54 personne ayant grandi dans un environnement numérique. Né entre la fin des années 1980 et le début des années 1990, le digital native[3] grandit pendant l'explosion du web documentaire (web 1) et de l'avènement du web social (web 2.0). Il est imprégné de la culture du numérique : internet, web, ordinateurs, réseaux sociaux, jeux vidéo, nouvelles technologies ; source : https://fr.wikipedia.org/wiki/Enfant_du_num%C3%A9rique

2. La démarche

Déployer le numérique au sein de son entreprise suscite de nombreuses interrogations de la part des chefs d'entreprises qui prennent la décision d'y aller. Comment faire, par qui dans l'entreprise, comment accompagner les collaborateurs.

Il n'existe pas à ce jour de process normé pour effectuer une transformation numérique ; ainsi existent-ils des centaines d'approches qui visent toutes à donner un avantage concurrentiel à l'entreprise qui entreprend cette démarche.

Trois dimensions sont alors à prendre en compte :

- Mobiliser autour d'une vision claire et partagée des enjeux et de la cible ;
- Élaborer une stratégie de transformation claire ;
- Mettre en œuvre la transformation en faisant évoluer les pratiques et les comportements des collaborateurs.

Cette transformation numérique doit se faire en mode projet. Le mode projet est un ensemble finalisé d'activités et d'actions entreprises dans le but de répondre à un besoin défini dans des délais fixés et dans la limite d'une enveloppe budgétaire allouée.

Travailler en mode projet amène un certain nombre d'avantages comme : stimuler l'intelligence collective, provoquer le décloisonnement des compétences, mettre en œuvre la fusion des talents et promouvoir la relation d'équipe, etc.

Afin de maîtriser le processus de transformation, une approche itérative inspirée des méthodes de gestion de projet agiles ou de « Test and Learn » peut faciliter la démarche.

En effet, les méthodes telles que « Test and Learn » visent à tester une idée ou un processus à petite échelle, en tirer des enseignements et donc des améliorations, avant de généraliser la solution à tout le département, la direction et l'entreprise.

Quant aux méthodes agiles, elles se développent rapidement dans les organisations et leurs grands principes sont développés dans le paragraphe suivant.

L'agilité

Pour envisager de se lancer dans des projets de transformation, impliquant au moins un des cinq piliers du numérique, que cela soit le Big data, les Réseaux sociaux, le Cloud computing, les Technologies mobiles ou les Objets connectés, il est recommandé de s'appuyer sur de nouvelles pratiques de gestion de projet pour réussir.

Les méthodes agiles sont des méthodes de gestion de projet qui ont vu le jour à la suite du taux élevé d'échec des projets informatiques observés dans les années 90. À ce propos, deux études, menées par Forrester Consulting et par Consultancy.uk en 2016, montrent que plus de 60% des projets de transformations numériques n'atteignent pas leur but.

Dans l'économie actuelle axée sur les données, les attentes des consommateurs à l'égard des services partout et à tout moment ont obligé les organisations à devenir plus agiles et à accroître leur vitesse de livraison de façon exponentielle. Fini le temps où les mises à jour de produits et de services étaient livrées mensuellement. Au lieu de cela, nous avons atteint un point où un environnement de développement continu devient nécessaire pour répondre aux besoins en constante évolution des utilisateurs.

Les principales causes sont connues, il s'agit :

• du manque de soutien des dirigeants ;

• du manque de maturité en gestion de projet du chef de projet ;

• du manque d'implication des parties prenantes ;

• du manque de connaissance et de compétences des membres de l'équipe ;

• du trop grand nombre d'experts qui interviennent.

L'utilisation des méthodes agiles sont une des solutions qui peuvent garantir une meilleure atteinte des objectifs fixés. Les méthodes agiles utilisent un principe de développement itératif qui consiste à découper le projet en plusieurs étapes qu'on appelle « itérations ». Ces itérations sont en fait des mini-projets définis avec le client en détaillant les différentes fonctionnalités qui seront développées en fonction de leur priorité. Le chef de projet établit alors un macroplanning correspondant aux tâches nécessaires pour le développement de ces fonctionnalités.

Le but est d'assumer le fait que nous ne pouvons pas tout connaître, et anticiper, quelle que soit notre expérience. On découpe alors le projet en itérations plutôt que de tout prévoir et planifier en sachant que des imprévus arriveront en cours de route. Ce principe s'adapte parfaitement à la transformation numérique, car cela permet de s'organiser et de s'adapter au fur à mesure aux nouveaux outils et usages.

Les avantages du développement itératif permettent une meilleure qualité de la communication, car les utilisateurs ont la possibilité de clarifier leurs exigences au fur et à mesure. Ils ont une meilleure visibilité sur l'avancement des travaux et des tests qui sont effectués tout au long du cycle. Ainsi les risques sont détectés plus tôt, ce qui fait que le projet peut être arrêté avec des étapes qui sont achevés s'il n'y a plus de budget.

L'agilité, c'est avant tout une mentalité en rupture et une vision qui doit s'ancrer dans les valeurs de l'entreprise. Elle nécessite en particulier un soutien fort au plus haut niveau et un accompagnement soutenu sur le terrain. Coaching, conduite du changement, repositionnement des managers sont quelques-unes des clés qui permettront aux collaborateurs de s'approprier l'agilité, et de remplacer leurs anciennes habitudes par les nouvelles méthodes.

Le but recherché est de piloter la transformation numérique d'une entreprise avec agilité en impliquant tous les collaborateurs. Il s'agit d'encourager et d'impliquer activement l'ensemble de l'entreprise dans l'amélioration de leurs méthodes de travail.

Qui fait quoi ?

Est-ce le DSI, le CDO (Le Chief Digital Officer/directeur du numérique) ou le CMO (Chief Marketing Officer) qui doit conduire la transformation numérique ?

Le CMO est probablement le plus proche du client, mais le plus éloigné de la technologie. Le CDO a une bonne compréhension de la vision numérique couplée à l'expérience guidant le changement dans plusieurs départements. Et le DSI est le plus habilité lorsqu'il s'agit de comprendre et d'appliquer les nouvelles technologies et émergentes.

Mais qui a les meilleures compétences pour diriger cette transformation ?

Les DSI sont le choix logique en termes de compétence technologique et de connaissance de l'entreprise, mais ils sont souvent oubliés. Selon un sondage mené auprès de 750 leaders du secteur des technologies de l'information, 42% croient que les DSI devraient diriger la transformation de l'entreprise numérique. Seulement 18%

des répondants estiment que les dirigeants devraient le faire, alors que seulement (9%) ont choisi le CDO. Si les DSI sont préférés pourquoi ne sont-ils pas choisis in fine pour piloter les transformations numériques ?

Parce que dans le cadre, de l'exercice de leurs activités ils ont du mal à communiquer la valeur des services informatiques aux chefs d'entreprise et à assurer la transparence des coûts technologiques complets. Leur direction est souvent associée à la technologie qui est difficile d'accès par les autres collaborateurs des autres départements.

Pourtant, ils ont des arguments pour mener à bien, la transformation numérique de l'entreprise. Ils ont une vue transversale de l'entreprise à travers ses logiciels métiers. Ils savent comment construire un environnement technologique cohérent et comment assurer la sécurité des données de l'utilisateur final. Aujourd'hui, les DSI, parlent de l'informatique en tant que technologie qui contribue à la rentabilité de l'entreprise.

La majorité des entreprises africaines qui n'ont pas de CDO ne se poseront donc pas ces questions. Leurs DSI doivent être une source d'innovation métier, c'est-à-dire savoir comment la technologie peut transformer l'offre des métiers de l'entreprise.

Malgré le rôle important de tous les cadres de l'entreprise dans l'adoption d'une culture de l'innovation et la transformation numérique, le leadership doit venir du sommet.

Bien qu'une transformation numérique réussie nécessite l'apport et la collaboration de toute l'entreprise, c'est la direction générale qui est la plus à même de diriger ce projet. Les DG peuvent fournir un cadre stratégique, briser les limites appropriées et engendrer des changements culturels d'une manière qui serait difficile pour d'autres cadres. Après tout, quelle est la meilleure façon d'entrer dans une nouvelle phase audacieuse dans le développement d'une entreprise que par le biais d'un leadership inspirant ?

Pour conclure, le patron du projet de transformation est la direction générale pour faire bouger les lignes et la DSI conduit opérationnellement le projet avec le concours des directions métiers.

Les étapes

La feuille de route d'une transformation numérique, permet de construire une trajectoire de réalisation sur 1 à 3 ans, partagée par et comprise de tous. Pour cela, sont à retenir trois grandes phases susceptibles de permettre de mener à bien ce projet. Il s'agit, dans une première phase d'évaluer la nécessité ou non de mener un projet de transformation numérique, puis dans une deuxième phase de construire une stratégie de transformation efficace et pérenne, et enfin, de mettre en œuvre les chantiers qui permettront de matérialiser cette transformation.

Le schéma ci-dessous illustre cette approche qui peut être appliquée aussi bien par une PME que par une grande entreprise.

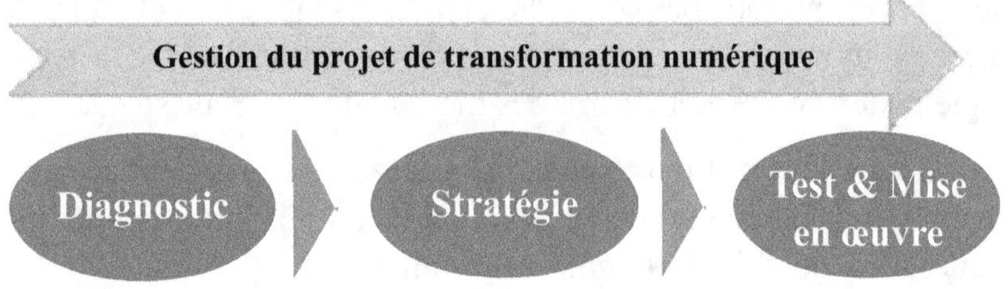

FIGURE 8 : DÉMARCHE DE TRANSFORMATION NUMÉRIQUE

Étape 1 – Diagnostic

Pour démarrer un projet de transformation numérique, il est nécessaire d'établir un diagnostic qui doit permettre de savoir quelles sont les faiblesses actuelles de l'entreprise par rapport à la concurrence et quels sont les avantages potentiels des technologies numériques pour l'entreprise. Cette réflexion doit être menée autour des clients et des collaborateurs, en examinant leurs interactions avec l'entreprise.

Mais comment savoir si une entreprise a besoin d'une transformation numérique ?

Voici quelques questions qui permettent d'orienter la réponse :

Question	Oui	Non
Les consommateurs ont-ils accès en ligne à toutes les informations utiles sur les produits et services de l'entreprise ?	○	○
Peuvent-ils réserver des services en ligne ?	○	○
Certains de ces services sont-ils livrés via des plateformes en ligne ?	○	○
L'entreprise dispose-t-elle d'un seul point d'accès virtuel pour les demandes de renseignements ?	○	○
Les consommateurs peuvent-ils spécifier leurs demandes en ligne pour réserver leurs produits ou services ?	○	○
Les échanges avec les consommateurs peuvent-ils se faire en ligne ?	○	○
La facturation des produits et services et les échanges sur les problèmes de facturation se font-ils en ligne ?	○	○
L'entreprise permet-elle aux consommateurs de noter ses prestations en ligne?	○	○
Est-il facile et rapide pour les consommateurs d'utiliser les services de l'entreprise ?	○	○

Si vous avez répondu « non » à plus de la moitié de ces questions, il est temps de penser à une transformation numérique.

La phase de diagnostic est une étape initiale qui doit être l'occasion de faire un état des lieux de l'usage du numérique dans l'entreprise. L'objectif ici est de passer en revue cinq domaines clés de l'entreprise sur lesquels les nouvelles technologies ont un impact majeur :

1. La présence de l'entreprise sur internet et autres médias sociaux ;

2. Les relations avec les clients ;

3. Le Système d'Information ;

4. Le travail collaboratif au sein de l'entreprise ;

5. Les nouvelles opportunités commerciales.

Cet état des lieux permet de se faire une idée précise de l'usage du numérique dans l'entreprise et ainsi de construire la stratégie numérique adéquate.

1. La présence de l'entreprise sur internet

L'entreprise a-t-elle un site Internet ? Une page Facebook ? Un compte Twitter ? Si ce n'est pas le cas, il faut savoir si c'est volontaire ou pas.

Dans le cas où l'entreprise a un site internet, il est nécessaire de procéder à une évaluation du site sur le plan ergonomique, sur le plan de sa fréquentation et sur le plan de son accessibilité.

De nombreux sites internet proposent de réaliser des audits de la présence sur le web et les résultats qu'ils proposent sont plus ou moins aboutis.

Les offres d'analyse de site internet s'articulent autour de solutions comme Google Analytics pour :

• Analyser l'audience du site internet : notamment les données d'audience et les sources de trafic ;

- Analyser le référencement[55] naturel du site ;

- Analyser l'utilisabilité du site ;

- Analyser le design et l'ergonomie à travers l'évaluation de la mise en forme, la densité et l'attrait visuel ;

- Analyser les mécaniques de marketings que sont les pages d'atterrissage, les call-to-action[56] et les parcours de conversion.

L'analyse de la présence sur les réseaux sociaux quant à elle passe par :

- Une analyse de l'existence de comptes et usages associés (contenus, fréquence de publication) ;

- Une analyse des principaux indicateurs d'audience et d'engagement matérialisé par les statuts Facebook [(J'aime/Commentaires/Partages), tweets (Retweets/Mentions), statuts Google + (+1/Commentaires/Partages), pins Pinterest (J'aime/Commentaires/Repins)], etc.

Pour finir, cette étape donne lieu à une synthèse de la présence sur internet de l'entreprise en 4 étapes :

1. E-réputation et référencement ;

2. Les données du site ;

3. L'apparence du site et les fonctionnalités ;

4. Le contenu.

----

55 Référencement : Le référencement naturel ou SEO désigne l'ensemble des techniques qui consistent à positionner favorablement un site ou un ensemble de pages sur les premiers résultats naturels ou organiques des moteurs de recherche correspondant aux requêtes visées des Internautes. Dans la pratique, il s'agit essentiellement de se positionner favorablement sur les pages de résultats de Google et si possible sur la première page. Source http://www.definitions-marketing.com/definition/referencement-naturel/

56 Le call to action est un moyen consistant à inciter l'internaute à effectuer une action. Ce terme pourrait se traduire par « inciter à l'action » ou « appel à l'action ». Source : http://glossaire.infowebmaster.fr/call-to-action/

1. L'e-reputation et le référencement

La présence de l'entreprise sur internet ; la facilité pour les internautes de trouver l'entreprise et ses produits sur le net sont les enjeux de cette première étape.

Des sites spécialisés dans l'e-réputation existent et permettent en quelques clics de faire une recherche ciblée sur le net. YouSeeMii, Mention.net, Ami Software etc., permettent de faire un comparatif d'une entreprise par rapport à ses concurrentes et d'identifier ainsi ses forces et ses faiblesses.

Ensuite, il faut s'astreindre à une recherche des avis, commentaires, recommandations, critiques, des produits et services sur internet via plusieurs moteurs de recherches différents. Et si on ne trouve rien, ce n'est pas obligatoirement bon signe…

Enfin, il faut évaluer le référencement de son site internet et de son offre de produits et services. Il est possible d'utiliser les outils de référencement SEO (Search Engine Optimization). Ces outils sont essentiels pour optimiser sa stratégie de recherche car ils vous permettent de vous concentrer sur les éléments de votre site que les moteurs de recherches jugent importants. Les enjeux sont connus ici, il s'agit d'être bien classé dans les moteurs de recherche sachant que les internautes en moyenne s'arrêtent à la deuxième page de réponses qui leurs sont fournies.

Il est important de renouveler l'opération périodiquement afin de surveiller sa position d'apparition sur les moteurs de recherches par rapport à la concurrence.

Cette première étape permet de donner une idée sur la vision que se font les internautes sur une entreprise.

2. Les données du site

Chaque entreprise, qu'elle soit petite ou grande, peut obtenir des avantages inestimables grâce à l'accès aux statistiques sur son propre marché et à l'analyse des données commerciales issues des fréquentations des sites internet.

Une entreprise qui prend des décisions basées sur des études de marché, des statistiques de ventes, des analyses de concurrence, etc., à beaucoup plus de chances de réussir qu'une entreprise qui agit en aveugle.

Internet offre aujourd'hui, la possibilité de collecter et d'analyser des données et d'élaborer un plan d'actions pour rester concurrentiel. Les entreprises, en plus des études de marché et des études sectorielles, peuvent collecter et traiter directement les données relatives à leurs sites Web et aux utilisateurs des réseaux sociaux. Les informations ainsi obtenues peuvent être exploitées pour ajuster la communication des entreprises, affiner les stratégies de marketing en ligne, adapter l'offre aux préférences des clients, améliorer la gestion des relations après-vente et bien plus encore.

La mise en place de systèmes de suivi et de surveillance de site Web, au moins pour les petites et moyennes entreprises, nécessite des budgets modestes.

Cette exploration de données et de statistiques sur le trafic Web du site de l'entreprise répond aux besoins principaux suivants :

- Surveiller et analyser les visites de sites Web (analyse Web) ;

- Analyse sur site. Mesurer le nombre et le comportement des visiteurs, analyser les interactions avec la marque, interpréter les résultats des stratégies de marketing numérique ;

- Analyse hors site. Il se concentre sur le trafic Web hors site. Il mesure l'audience potentielle et les opportunités offertes par le marché en ligne.

Tous ces chiffres statistiques peuvent être déroutants. Quels ratios doivent être pris en compte lors de l'analyse ci-dessus ? Quelles sont les statistiques les plus importantes ?

Définir des objectifs spécifiques et mesurables est une étape essentielle avant de définir les indicateurs clés de performance (KPI). Selon son type, un site Web peut avoir des objectifs très différents. Les objectifs communs des sites de commerce électronique sont l'augmentation du nombre d'achats, le nombre d'articles dans le panier, la valeur moyenne des transactions, etc.

Les KPI généraux sur le site Web :

- Taux de conversion : ce ratio affiche le nombre de visiteurs convertis en actions souhaitées.

- Taux de conversion des objectifs : indique le nombre de visiteurs ayant atteint au moins un des objectifs que vous avez configurés à l'aide du service Google Analytics.

- Type d'utilisateurs (défini par l'utilisateur) : l'utilisateur défini est une variable qui aide à définir des types spécifiques d'utilisateurs ayant réalisé un objectif ou une action spécifique sur le site Web (page vue, remplissage de formulaire, etc.).

- Taux de rebond et temps passé sur le site : ce sont deux (2) indicateurs clés de performance extrêmement utiles qui indiquent si les visiteurs trouvent ce qu'ils recherchent sur un site Web ou s'ils quittent le site immédiatement. Ces statistiques peuvent être consultées dans la section "Visiteurs" de Google Analytics, mais il est également très utile de se concentrer sur celles-ci lorsqu'on évalue les différents canaux / sources de trafic.

- Type de sources : ce rapport complexe est généré en segmentant le trafic par des sources et des supports spécifiques, tels que des moteurs de recherche, des sites de référence, des campagnes directes, des e-mails ou des campagnes personnalisées. Il faut ici, se concentrer non seulement sur le nombre total de visiteurs mais aussi sur la qualité du trafic (taux de rebond, temps passé sur le site, transactions, etc.).

KPI de visibilité :

- Trafic de mots-clés non associés à la marque : il s'agit du rapport "Mots-clés courants" filtré afin d'exclure les combinaisons de marques.

- Trafic généré par des termes spécifiques : habituellement, le rapport sur les mots clés qu'on peut trouver dans Google Analytics renvoie trop de combinaisons. En utilisant des filtres, vous pouvez décomposer la liste des mots clés et vous concentrer sur ceux qui contiennent des termes spécifiques ou vous pouvez vérifier des phrases de 2 mots, des phrases de 3 mots ou des termes qui satisfont une règle spécifique.

- Taux de rebond par mot-clé : cela peut être trouvé sur le tableau des rapports de trafic de mots-clés. Focus sur la colonne appelée " taux de rebond " qui montre le taux de rebond moyen par mot-clé.

- Nouveaux visiteurs qui reviennent : cette statistique peut vous donner des informations sur la fidélité de votre audience et vous montrer le nombre de nouveaux visiteurs que vous attirez sur votre site Web. En fonction de divers facteurs tels que l'industrie et le type de site Web, il est utile d'analyser leur comportement.

KPI d'interaction :

- Interactions avec les médias sociaux : le suivi du nombre de visiteurs qui interagissent avec vos profils de médias sociaux (visitez-les en cliquant sur les boutons appropriés de votre site Web ou aimez / tweetez / partagez vos pages) peut être extrêmement utile. Pour surveiller cela, vous devez utiliser le suivi des événements ou les pages vues virtuelles.

- Consommation média : ce KPI se concentre sur la façon dont les utilisateurs consomment le contenu du site, combien d'entre eux lisent les messages, regardent les vidéos, écoutent les podcasts, etc.

- Contact / Inscription : savoir comment, quand et combien de visiteurs contactent les propriétaires du site par e-mail, formulaires de contact, achat en direct, etc. est extrêmement utile.

KPI transactionnels :

- Coût par transaction : cet indicateur mesure le coût promotionnel par transaction pour des campagnes spécifiques (adwords, bannières, newsletters, etc.). Il mesure combien d'argent vous devez dépenser pour chaque campagne afin de générer une transaction. Ceci est très important lorsque vous voulez voir comment allouer votre budget publicitaire et il est particulièrement utile dans la prise de décision.

- Valeur de transaction moyenne : cet indicateur de performance clé montre l'efficacité des techniques de vente croisée et de vente à la hausse que vous utilisez.

- Moyenne des articles dans le panier : tout comme ce qui précède, cet indicateur de performance clé indique combien d'articles sont achetés en moyenne dans chaque transaction.

- Taux de conversion par support : cet indicateur de performance clé indique le taux de conversion de chaque support et il est extrêmement utile de le surveiller afin de distinguer vos canaux les plus vendus.

KPI de ciblage géographique :

- Distribution des transactions par pays : cet indicateur fournit des informations très utiles car il permet de distinguer la nationalité des clients.

- Répartition du taux de rebond par pays : cet indicateur montre la distribution du taux de rebond par pays / territoire.

3. L'apparence du site et les fonctionnalités

Ici il s'agit de voir si l'apparence du site est conforme à l'image de l'entreprise et à sa charte graphique. Est-ce que l'ergonomie du site permet un accès facile et rapide ; Est-ce que la navigation est fluide ?

Le site est-il construit pour les smartphones, les tablettes ?

Le site propose-t-il des échanges avec les internautes ? (blog, forum, avis, flux RSS …) ? Est-ce que les réseaux sociaux et la possibilité de « like », « +1 »… sont-ils intégrés ?

Est-ce que le site propose la possibilité de commander des articles en ligne ? Est-il possible de payer en ligne ? Ce paiement est-il sécurisé ? Est-il possible de suivre les commandes ? Les questions des clients obtiennent-elles systématiquement une réponse ?

Toutes ces questions permettent de vérifier que sur la forme le site est moderne et permet de répondre aux besoins actuels des internautes.

4. Le fond

Tout d'abord le site est-il à jour ? Rien de pire qu'un site dont les informations sont obsolètes… Les informations contenues dans le site sont-elles susceptibles d'intéresser les internautes et leurs donnent-elles envies de revenir ? Les informations de contacts sont-elles complètes, permettent-elles de contacter le bon interlocuteur de l'entreprise ?

Le fond reste une raison importante pour des visiteurs de revisiter un site, mais si le design du site ne facilite pas l'accès à la bonne information, alors la lassitude peut vite survenir.

La gestion de la relation avec les clients

Le consommateur de l'ère numérique ne sollicite plus seulement l'entreprise pour négocier ses conditions. Plus averti, il est avant tout un internaute dont les choix ont gagné en autonomie, grâce notamment aux forums d'utilisateurs et autres communautés en ligne.

C'est ce nouveau profil d'acheteur qui remet en cause les systèmes de relation client classiques. Constamment exposé à des innovations technologiques et à des nouveaux modes de consommation, il devient plus exigeant, contraignant les entreprises traditionnelles à se réinventer.

Le client d'aujourd'hui est avide d'informations, économe, flexible et mobile. Il entre de plus en plus en contact avec l'entreprise à travers différents canaux. Si les consommateurs d'aujourd'hui sont actifs sur tous les canaux, les entreprises doivent être également présentes à tous les points de contacts, ou plus précisément omniprésentes. Mais pour offrir au client l'offre attendue au bon moment, à travers son canal préféré, il faut une vision d'ensemble du client.

Chaque entreprise doit « s'interroger sur la posture à adopter selon les clients auxquels elle s'adresse.

Le CRM(Customer Relationship Management) regroupe tous les outils marketing qui permettent à une entreprise de gérer sa relation client dans le but de les fidéliser et de maximiser le chiffre d'affaire et la marge par client.

Cette démarche CRM peut également englober les relations avec les fournisseurs, partenaires, revendeurs et actionnaires.

Un logiciel CRM collecte des informations lors des interactions avec les contacts de l'entreprise et apporte une vision d'ensemble des contacts, accessible par tous les collaborateurs de l'entreprise. Une vision 360 degrés des interlocuteurs pour conquérir de nouveaux marchés et les fidéliser sur le long terme

L'utilisation d'applications mobiles par une entreprise permet d'améliorer la relation avec les clients ou prospects. La mobilité permet d'améliorer l'expérience client car ces derniers peuvent accéder à internet et aux réseaux sociaux à n'importe quels moments et n'importe où.

Chaque chef d'entreprise doit comprendre l'importance de la gestion de la relation client afin de pouvoir collecter des données auprès de ces derniers et d'utiliser ces informations pour améliorer les ventes, la stratégie commerciale et le développement de l'entreprise.

Le système d'information

Il s'agit de dresser le bilan de l'existant dans l'entreprise, équipement informatique, système d'exploitation. L'audit permettra ensuite de qualifier les besoins, d'identifier les briques car il est souvent difficile de tout traiter en même temps.

Par rapport aux besoins identifiés, métier par métier, quels sont les supports adaptés : portable, smartphone, tablette, ... Et quel sera le système d'exploitation idéal. Puis, de quel type de messagerie et de quel navigateur l'entreprise a besoin. Pour la sécurité de ses données, conserve-t-elle une base privée ou préfère-t-elle un accès au cloud.

À ce stade, l'entreprise peut déterminer si sa DSI peut prendre en charge les évolutions à réaliser et surtout les gérer au quotidien.

Les outils de travail collaboratifs

En entreprise, la collaboration entre les équipes a un impact sur leurs productivités. En moyenne, combien de courriels sont échangés entre les collaborateurs de l'entreprise tous les jours ? Combien de temps faut-il normalement pour informer tous les collaborateurs sur les objectifs ou les enjeux ? Si les réponses montrent que vous devriez envisager de mettre à jour vos outils de collaboration, alors sachez que l'offre d'outils de collaborations s'est fortement développée.

La dernière phase consiste à restituer les résultats du diagnostic vers les intervenants concernés et préconiser des voies d'amélioration numérique à travers l'organisation, l'expérience de l'utilisateur et la technologie.

Étape 2 – Stratégie numérique

La cible à atteindre, découle des ambitions des dirigeants et des résultats de la phase de diagnostic. Ceux-ci doivent pouvoir facilement répondre aux questions où voulons-nous aller ?

Quels sont les objectifs à moyen et long terme que les dirigeants se fixent ? Une rupture de nature technologique est-elle intervenue dans le secteur ? Internet peut-il nous permettre de mieux vendre ?

Ces interrogations relèvent de la stratégie générale de l'entreprise mais elles font appel aujourd'hui à l'usage du numérique qui influence irrémédiablement le développement des entreprises modernes.

Après avoir répondu à ces questions, il devient envisageable de déterminer une stratégie numérique. Concrètement, la stratégie numérique est une stratégie opérationnelle qui permet d'identifier les transformations à réaliser en s'appuyant sur les opportunités qu'apporte le numérique.

En résumé, il faut définir un niveau de maturité que l'on veut atteindre, et définir les itérations qui permettront, mois après mois, année après année, d'atteindre ses objectifs. Il est nécessaire de faire un bilan annuel et de faire évoluer constamment sa politique numérique matérialisée par un schéma directeur du numérique.

Cette phase s'appuie sur l'état des lieux de l'entreprise révélé dans la phase de diagnostic. En effet, pour déterminer une stratégie numérique, il faut savoir d'où l'entreprise part au niveau de l'usage du numérique en son sein. Avoir également une vision claire du développement de l'entreprise dans les années à venir est également un atout pour déterminer une cible réaliste.

L'étape de diagnostic ayant permis d'identifier quelles sont les forces et faiblesses de l'entreprise ainsi que les opportunités et menaces du marché, notamment avec l'arrivée d'une concurrence disruptive, il faut s'atteler maintenant à écrire la feuille de route de la transformation numérique souhaitée à travers la formalisation de la stratégie à adopter.

Pour définir la stratégie numérique d'une entreprise, chaque direction doit d'abord évaluer l'impact du numérique sur son fonctionnement, puis établir le niveau de transformation dont elle a besoin. Chaque direction fixera le curseur numérique par rapports à ses objectifs.

1. Identifier ses clients

Avec le formidable développement du web et de la téléphonie mobile, le nombre d'utilisateurs atteint aujourd'hui environ 3,9 milliards (environ 47 % de la population mondiale).

Il faut donc bien connaitre ses clients et identifier leurs motivations d'achats ; leur degré d'usage du numérique.

Le client numérique est un client connecté via son téléphone, sa tablette voire son PC quand il est au travail. Il partage ses avis avec son réseau avant de se décider à acheter. Les entreprises doivent en tenir compte afin de mieux comprendre le comportement de cette nouvelle « race d'acheteurs ».

La finalité ici est donc de savoir qui sont les personnes qui achètent vos produits ou qui ont recours à vos services. Il peut donc être pertinent de recueillir certaines des informations suivantes sur vos clients :

• Âge • Sexe • Lieu de résidence • Type d'habitation • Type d'emploi • Revenu • Type de ménage	• Moyen de transports • Loisirs • Religion • Langues • Niveau de scolarité

TABLEAU 3 : INFORMATIONS CLIENTS B2C

Utiliser les moyens qu'offre le numérique pour les obtenir, c'est-à-dire les réseaux sociaux. Ensuite il faut savoir quel usage font du numérique vos clients : réseaux sociaux, boutiques en ligne, géolocalisation, moyens de paiement, etc.

Ce travail initial permet de ne pas faire du hors sujet dans la définition des objectifs à atteindre.

2. Définir les objectifs

Définir une stratégie numérique a pour but principal l'atteinte d'objectifs mesurables dans un délai imparti. Il faut être vigilant afin que les objectifs ainsi définis soient alignés sur les objectifs stratégiques de l'entreprise, et non focalisés sur des indicateurs de performance liés au numérique. A titre d'exemple, il n'est pas question d'avoir des ventes en baisse quand on constate une hausse des connexions sur le site de l'entreprise ou quand on multiplie le nombre de fans Facebook.

Les objectifs généraux suivants permettent de cadrer sa stratégie de transformation numérique.

Objectif 1 – Utiliser les tendances du marché pour orienter sa transformation

Nous sommes dans un monde économique dont la transformation s'accélère au fil des années, ce qui exige des managers et dirigeants de se tenir informés des mutations en cours afin de ne pas se laisser surprendre.

Se tenir informé des tendances de son secteur économique, de la concurrence, des opportunités à venir devient une obligation pour les dirigeants. Ils doivent savoir comment la concurrence évolue dans leur pays, dans leur région, en Afrique, mais également dans le reste du monde.

Sans information, pas de bonnes décisions. Collecter l'information, l'analyser et la restituer pour mieux décider est indispensable. L'objectif ici est de savoir comment la concurrence s'organise et utilise les technologies numériques pour gagner des parts de marchés, pour devenir plus rentable et améliorer sa relation client. En alimentant tous les rouages de l'entreprise, l'information joue donc un rôle moteur dans son fonctionnement. À l'état brut, les gisements d'informations sont considérables. C'est la maîtrise de leurs flux en temps réel, à tout moment et en tous lieux qui est bel et bien devenue, pour le dirigeant, un enjeu majeur en termes de performance et de compétitivité par la création de la connaissance stratégique, à vocation opérationnelle.

Objectif 2 – Etre orienté vers le client

Aujourd'hui le client souhaite être connu et reconnu et il attend de l'entreprise qu'elle lui réponde en temps réel, voire même qu'elle anticipe ses demandes. Les outils numériques donnent aujourd'hui aux clients et aux entreprises la possibilité d'interagir pour que le client soit mieux informé sur les produits et services proposés. Pour cela l'utilisation coordonnée des techniques de gestion de la relation client (CRM), de marketing numérique et d'e-commerce permettent d'avoir les informations nécessaires pour ajuster les produits et services aux besoins des clients.

Objectif 3 – Accompagner le parcours d'achat des clients

L'une des caractéristiques de l'écosystème numérique est que le nombre de canaux de contact et d'appareils avec lesquels rentrer en contact avec les clients se sont multipliés. En marketing, un canal représente une interface (physique ou virtuelle) par lequel le client va passer pour réaliser son achat.

Désormais les clients imposent également un nouveau type de relation avec les marques, où il n'y a aucune différence entre l'utilisation d'un canal ou d'un autre.

Ce changement oblige les entreprises à distinguer si le client qui a envoyé une demande par mail est le même que celui qui commente sur les réseaux sociaux l'achat qu'il fait. C'est un changement qui stimule les stratégies de marketing Cross-canal pour obtenir de meilleurs résultats grâce à des campagnes de marketing en ligne.

Le marketing cross canal est une pratique qui intègre l'utilisation de tous les canaux et dispositifs disponibles pour se connecter et interagir avec les clients d'une manière flexible et unique et non séparée en canaux individuels, comme c'était le cas avec les stratégies marketing précédentes.

Un aspect intéressant de la stratégie marketing Cross-canal est qu'elle permet d'intégrer à la fois des canaux numériques et physiques. En fait, une partie du succès consistera à trouver la bonne intégration de tous les canaux que la marque a avec ses clients.

Une erreur courante lors de la création de campagnes de marketing cross-canal est l'utilisation du même message pour tous les canaux. Cette stratégie devrait être basée sur l'adaptation du message à chaque canal. Ainsi, maintenir la cohérence du message dans tous les canaux.

L'analyse des parcours d'achat des consommateurs donne lieu à de nombreuses études. La plupart des experts définissent le parcours de l'acheteur comme un entonnoir en trois étapes. Ce sont les trois aspects du parcours d'un acheteur qui sont conformes à la prise de conscience, à la considération et à l'achat.

Le sommet de l'entonnoir fait référence à la phase de sensibilisation où les consommateurs veulent simplement se renseigner sur le produit ou le service d'une entreprise en cherchant des réponses, des recherches, des opinions, des données et des points de vue.

Au milieu de l'entonnoir c'est l'étape de l'évaluation où les consommateurs font vraiment des recherches et évaluent les avantages et les inconvénients des biens ou services.

Au bas de l'entonnoir c'est l'étape où les consommateurs achèvent le processus de l'entonnoir et concrétise la commande.

Pour créer un parcours d'achat numérique pour une entreprise, il faut s'appuyer sur le tryptique attirer, profiler et convertir.

Pour attirer des clients potentiels sur le marché actuel, un moyen efficace et peu coûteux est de passer par les médias sociaux. Utiliser Facebook, Instagram, Twitter et d'autres plates-formes pour attirer les consommateurs intéressés.

Maintenant que des clients potentiels sont intéressés, il faut les garder sur votre site. Utilisez Google Analytics et d'autres statistiques pour déterminer ce que votre visiteur type a l'air de consulter en ligne et utiliser des enquêtes pour déterminer quelles sont les préférences des consommateurs.

Enfin, avoir de nombreux visiteurs sur son site web ne suffit pas. Il faut convertir ces visiteurs occasionnels en ventes. Il faut rendre facile et accessible pour les clients l'acte d'achat des produits et services et même offrir des offres promotionnelles pour les fidéliser.

Objectif 4 - Professionnaliser la présence sur internet

Internet est une vitrine pour les entreprises et chacune d'entre elle doit veiller à son image sur le web. Les sites internet maintenus par des stagiaires ou des pages facebook animées de temps en temps par des collaborateurs qui s'ennuient, connaissent une baisse de fréquentation significative. Le désintérêt des internautes peut apparaitre rapidement après seulement quelques visites sur un site qui semble figé. Dans certain secteur de l'économie, comme la formation, le transport, les services,..., l'absence de site internet peut entrainer de la suspicion sur l'activité réelle d'une entreprise. Pour accélérer son développement commercial grâce à internet, il est nécessaire de s'appuyer sur un certain nombre de bonnes pratiques que le tableau ci-dessous présente.

Action	Description
S'ouvrir à de nouvelles opportunités	L'objectif ici est d'accéder à de nouveaux marchés au-delà des points de ventes traditionnels de l'entreprise. Avec un budget réduit, un site internet peut faire connaître les produits et services et accroître les visites sur les points de ventes physiques.
Communiquer pour fidéliser ses clients	Communiquer régulièrement sur la marque, sur les produits et services de l'entreprise pour fidéliser les clients. Ses derniers reviennent régulièrement sur le site de l'entreprise à la recherche de nouveauté.
Améliorer sa qualité de service	Utiliser internet pour apporter un service complémentaire à celui d'une boutique, un magasin. Le site peut proposer une interface de service après-vente avec un espace avec des informations sur l'utilisation des produits ou pour programmer un retour de produit. Mesurer la satisfaction des clients est également une fonctionnalité qui peut être proposée pour améliorer les produits et services.
Sonder sa clientèle sur ses tendances ou ses goûts	Faire une enquête auprès des clients ou mettre en place un forum de discussion sur un nouveau produit ou service avant de le mettre en magasin.
Réduire ses coûts	Offrir grâce au net une large gamme de produits qui ne sont pas stocker en magasin. La surface du magasin peut être ainsi réduite et ne présenter que les nouveautés ou les best sellers.
Communiquer efficacement	Utiliser sa messagerie pour communiquer avec ses fournisseurs, sa banque.

TABLEAU 4 : LISTE DES ACTIONS POUR PROFESSIONNALISER SA PRESENCE SUR LE NET

En accentuant sa présence sur internet, une entreprise augmente sa visibilité ainsi que sa notoriété, développant ainsi une e-réputation[57]. Il est ainsi possible, par conséquent, d'optimiser ses ressources en attirant une nouvelle clientèle et ainsi augmenter son chiffre d'affaires.

Objectif 5 – Faire évoluer les processus

La transformation numérique touche tous les métiers d'une entreprise et implique tous les collaborateurs. Elle nécessite la mise en place d'une organisation plus collaborative entre les différents services de l'entreprise, facilitant le partage des connaissances et la productivité des équipes. Ces démarches sont aujourd'hui indispensables pour répondre aux nouveaux modes de consommations souvent articulés autour des usages, et renforcer la qualité de la relation clients, tout en permettant aux entreprises de préserver leur compétitivité, de développer leurs marges et leurs parts de marché ou encore d'être plus efficaces et plus agiles. Les clients de l'entreprise vont également trouver leur compte dans la transformation numérique de celle-ci. C'est en effet parce que ces mêmes clients utilisent de plus en plus tous ces outils numériques que l'entreprise se doit de s'adapter à cette nouvelle donne.

Un projet de transformation numérique est l'occasion de repenser les processus de l'entreprise. Les managers doivent se poser les questions qui permettent de revoir le fonctionnement de l'entreprise :

• Comment sont vendus ses produits et services ?

---

57 e-réputation : L'e-réputation, parfois appelée web-réputation, cyber-réputation, réputation numérique, sur le Web, sur internet ou en ligne, est la réputation, l'opinion commune (informations, avis, échanges, commentaires, rumeurs…) sur le Web d'une entité (marque), personne morale (entreprise) ou physique (particulier), réelle (représentée par un nom ou un pseudonyme) ou imaginaire. Elle correspond à l'identité de cette marque ou de cette personne associée à la perception que les internautes s'en font.

- Comment elle se fournit ?
- Comment fabrique-t-elle ses produits ?
- Quels sont ses clients ?
- Comment s'organise-t-elle ?
- Comment gère-t-elle son personnel ?

Cette étape est primordiale, car elle permet de déterminer les objectifs à atteindre pour les entreprises. Les réponses à ses questions vont permettre de déterminer quels processus l'entreprise désire faire évoluer. Elle peut alors s'attaquer aux processus qui lui permettront d'avoir un avantage concurrentiel.

Les processus suivants sont à explorer :

Gérer les relations avec ses clients : Avec la forte intensification des usages numériques, les habitudes de consommation et les attentes envers les entreprises évoluent. La relation client s'en trouve bouleversée. Cela influence durablement les stratégies des entreprises. Il devient aujourd'hui nécessaire de transformer sa relation client afin de répondre au mieux à ces mutations et ainsi apporter une réelle valeur ajoutée à l'expérience client, mais aussi de se différencier sur le marché. Les clients s'informent davantage sur différents canaux (blog, email, internet, sms, application mobile, réseaux sociaux), consultent des avis, demandent conseil à des pairs avant d'entrer en contact avec une entreprise.

Les processus à revoir dans ce contexte sont ceux qui touchent à l'acquisition des produits et services, à la satisfaction des clients et à leur fidélisation. L'objectif ici est de déterminer comment l'entreprise s'organise pour gérer ces clients difficiles, ses réclamations ; comment elle fait pour cibler la bonne clientèle et proposer le bon service et/ou produit au meilleur prix.

Gérer les ventes : Les commerciaux sont persuasifs et joviaux. Leur objectif est de vendre un produit au meilleur prix à un client qui lui font souvent confiance, faute d'informations suffisantes.

À l'ère du numérique, ce type de commerciaux est en train d'être dépassé. Le client peu informé est devenu un client très informé grâce à la masse d'informations disponibles sur internet et les réseaux sociaux. Il attend donc à présent du commercial une offre personnalisée. Par conséquent l'ensemble du processus de vente de l'offre commercial, à la cotation/devis, la livraison et la facturation, doit être revu afin d'accompagner les commerciaux dans leur quête des clients connectés.

Gérer les stocks : La gestion des stocks cherche perpétuellement le juste équilibre entre le niveau de satisfaction des consommateurs et les coûts engendrés par la constitution des stocks. Stocker coûte cher et prend de la place et les produits peuvent se périmer ; cela contraint à mettre en place des processus de gestion adaptés. Eviter la rupture de stock passe par une optimisation ou refondation des processus de la commande jusqu'à la livraison.

Gérer la production : L'organisation des différentes ressources de production (équipements, entrepôts de stockage, systèmes de manutention, regroupement des travailleurs…), dans le but d'obtenir un meilleur rendement global de l'outil productif, demeure un objectif principal dans le secteur industriel. Aujourd'hui, produire des grandes séries standardisées n'est plus la seule stratégie en place. Les nouvelles opportunités se trouvent dans l'agilité pour répondre à la tendance de personnalisation de la production qui se développe. Cela appelle une organisation à repenser et l'apport du numérique notamment à travers une meilleure connaissance des besoins clients, des objets connectés (IoT), des imprimantes 3D, permet d'espérer une amélioration notable de l'expérience client.

Gérer les achats : Le pilotage de la performance et l'analyse de la dépense constituent des motifs de refonte de l'organisation de la gestion des achats dans l'entreprise. Les fichiers Excel ou les mails qui sont actuellement utilisés dans la plupart des services achats des entreprises africaines, quand ils existent sont chronophages, et les opérations sont difficiles à tracer. L'ensemble des processus achats, tel que l'expression des besoins des clients internes, de la recherche des fournisseurs, de comparaison des offres, de lancement des appels d'offres, du suivi des commandes, du payement, de la réception, du reporting achats, sont impactés positivement par le numérique. Encore aujourd'hui, un acheteur peut passer plus de la moitié de son temps en tâches administratives pour contrôler des demandes d'achats ou des bons de commande, gérer des litiges administratifs qui l'empêchent d'aller au contact de ses fournisseurs autant qu'il le faudrait. L'apport du numérique garantit une amélioration de l'efficacité du service achats dans le déploiement de sa stratégie.

Gérer des ressources humaines : Les besoins d'amélioration des relations avec les salariés (qui sont de plus en plus connectés), d'organisation des campagnes de recrutement, de gestion des fiches de frais, de gestion des congés ou des absences, de gestion de la paie, d'optimisation de la masse salariale sont des processus clés qui doivent forcément évoluer grâce notamment à la possibilité de réduire l'utilisation du papier. Le papier est remplacé par des documents électroniques dont la gestion entraîne une meilleure réactivité et une meilleure remontée d'informations aux managers et à la Direction générale.

Comptabilité/Finance : Générer automatiquement les factures, paiements, remboursements, pointages bancaires et toutes les écritures comptables, permettent inévitablement de gagner en productivité. Les directeurs financiers l'ont d'ailleurs bien compris, puisqu'ils cherchent à automatiser les processus, regrouper les systèmes et mettre en place des outils de reporting en temps réel. L'objectif principal est d'atteindre l'excellence opérationnelle. Les apports de la dématérialisation sont nombreux: réduction des coûts administratifs, aide au pilotage et au contrôle financier, réduction des délais de traitements et sécurisation, optimisation de la trésorerie, amélioration du contrôle interne, développement des partenariats collaboratifs avec les fournisseurs, amélioration de la qualité des référentiels fournisseurs et accélération des clôtures comptables.

La transformation numérique n'est pas qu'une intégration des technologies dans les processus de l'entreprise, elle s'accompagne d'une redéfinition des processus afin que ces derniers se concentrent sur une meilleure connaissance du client pour mieux le servir. Pour cela les données (data), sont des sources inépuisables d'information permettant de proposer de meilleurs produits et des services adaptés aux clients.

3. Identifier les technologies numériques de l'entreprise

Les technologies numériques sont des « accélérateurs de transformation » pour l'entreprise. Elles permettent de faire évoluer les organisations, développer le savoir-faire et améliorer les expertises métiers ainsi que d'améliorer la communication des entreprises.

Le choix du bon outil numérique pour son entreprise est essentiel. Ces derniers doivent être utiles et adaptés aux spécificités de l'entreprise. Pour cela, il est important de s'appuyer sur l'usage du numérique dans son secteur d'activité. Hôtellerie, formation, santé, transport, etc., chacun de ses secteurs a aujourd'hui un usage du numérique plus ou moins avancé.

Si l'entreprise dépend de son donneur d'ordre externe, de ses fournisseurs et de ses clients qui ont des usages du numérique avancés, elle devra se mettre au niveau technologique. Dans le cas contraire, si l'entreprise évolue dans un environnement ou elle est isolée, elle avancera à son rythme selon la volonté de ses dirigeants.

Les technologies numériques couvrent une vaste étendue de fonctions dans l'entreprise. Comme vu précédemment, quatre usages technologiques majeurs se dégagent pour permettre à l'entreprise d'être qualifiée d'entreprise numérique. Il s'agit du Social, de la Mobilité, de l'Analytique et du Cloud (acronyme SMAC).

S pour Social : Les réseaux sociaux, Twitter, Facebook, Instagram, LinkedIn, viadeo, google plus, etc., constituent les piliers de la dimension sociale du numérique. Ils représentent une opportunité rapide de faire connaître son entreprise et de la rapprocher de ses clients. Les médias sociaux sont une source de données massives et essentielles pour le marketing qui se veut être de plus en plus personnalisé et ciblé (obtenir de meilleures idées, développer de nouveaux produits qui répondent aux besoins de vos consommateurs cibles…). Cette dimension sociale créée par les réseaux sociaux existe aussi sur le format réseau social d'entreprise. Il est alors possible de déployer le travail collaboratif et le management transversal au sein de l'entreprise. Cela facilite un échange rapide d'informations, collaboration qui peut conduire à de meilleurs résultats de marketing d'entreprise.

M pour Mobile : Comme pour l'aspect social, les entreprises sont impactées par les technologies mobiles à la fois dans leur relation avec les clients et en leur sein. Les smartphones et les tablettes influencent les consommateurs dans leurs achats. Les possibilités d'intégration de plus en plus profonde, dans la sphère professionnelle, des objets connectés (smartphone, tablettes, écrans dynamiques, copieurs multifonctions…) permettent aux entreprises de fluidifier leur activité et d'optimiser leurs process, à condition de résoudre une problématique bien concrète : intégrer parfaitement ces nouveaux outils numériques avec les matériels « traditionnels » : serveurs et réseaux informatiques, copieurs, imprimantes, ordinateurs, logiciels…

A pour Analytique : Le développement exceptionnel du volume des données sur le web et les médias sociaux optimise les sources d'information d'une entreprise. Elles font de ces immenses données désordonnées quelque chose permettant de mieux connaître la clientèle. Le Big Data permet donc une personnalisation beaucoup plus fine des produits ou des services, avec une connaissance précise du comportement des utilisateurs.

C comme Cloud : Le Cloud permet de stocker via internet des données et des informations sur des serveurs distants. Ces données sont accessibles depuis tout support comme PC, mobile, ou tablette. Le Cloud est une source de données mise à jour en temps réel. Le Cloud forme l'élément-clé du Social, du Mobile et de l'Analytics. Ils ne peuvent exister sans le Cloud.

En s'appuyant sur ce socle, les différents métiers de l'entreprise peuvent entamer leur transformation avec des objectifs orientés vers un cap numérique.

Le tableau ci-dessous présente une synthèse des apports de ces différentes technologies aux différentes fonctions de l'entreprise.

	Management	Finance	commercial	Système d'information	Production	Ressources humaines	Achat/ logistique
Objectif	S'informer, analyser, organiser, décider, relayer et animer	Analyse prédictive, exploration des données pour comprendre l'impact financier de tous évènements et décisions	Accompagner le client dans son processus d'achat. S'appuyer sur les data clients pour transformer la vente	Remodeler l'organisation pour la rendre agile, innovante et fondamentalement orientée client	Fabriquer de manière rentable un produit adapté aux besoins et désirs des clients	Priorité à l' « expérience collaborateur », à travers le travail collaboratif, la recherche de talent	Analyser les données pour optimiser la description, le suivi et la prévision des achats ; Collaborer avec les clients internes et les fournisseurs pour des achats performants
Social	Facebook, Twitter, Instragram, Yammer, Sharepoint…, dont l'usage permet de renforcer la relation client, générer de nouvelles opportunités, mesurer la réputation de l'entreprise, suivre les conversations à propos de l'entreprise, identifier des prospects, service clients (questions et réclamations), recruter, faire de la communication interne.						

Mobile	Mails, Internet, Applications mobiles, M-paiement, Visioconférence, Téléchargement de documents, Photo, Vidéo, Géolocalisation,…, dont l'usage permet d'organiser le temps de travail, gérer les contacts, saisir ou mettre à jour des informations, prendre des notes accéder aux fonctionnalités des applications métiers, partage des connaissances, consulter les documents (rapports, compte rendus, présentations, news, cartes géographiques,…),…
Analytics	Piwik, Charbeat, google analytics,…, pour collecter, exploiter, analyser, dont l'usage permet de valoriser les données des sites internes dans le but de booster les ventes, comprendre la clientèle et se différencier de la concurrence.
Cloud	Dropbox, Google Drive, Microsoft One Drive, I-Cloud, pour un archivage en ligne des données, modification et partage en temps réel des documents de travail, un accès à des logiciels mode Saas (Software as a Service), accès partout, tout le temps et depuis n'importe quel appareil aux données.

TABLEAU 5 : APPORT DU SOCLE TECHNOLOGIQUE SMAC AUX ENTREPRISES

Il faut noter qu'il est plus aisé pour les entreprises en création, de mettre en œuvre les technologies numériques et leurs exigences que pour des entreprises plus traditionnelles. Celles-ci doivent généralement investir dans leur infrastructure pour pouvoir avoir recours aux dernières technologies. Ces investissements ne doivent pas uniquement être fixés en fonction des offres techniques disponibles. Ils doivent correspondre à une stratégie numérique à long terme. Les décisions hâtives risquent de déstabiliser les collaborateurs et les clients.

Les investissements dans la numérisation doivent être considérés comme un processus de longue haleine voué à évoluer. La question est de savoir si le rythme d'adaptation des clients et des collaborateurs permet d'exploiter pleinement le potentiel correspondant.

Étape 3 – Mise en œuvre

Après avoir fait un diagnostic de l'entreprise, défini une stratégie numérique, il faut passer à l'étape de la mise en œuvre qui doit mobiliser toutes les ressources pour atteindre les objectifs fixés.

Ces derniers varient bien entendu en fonction de l'activité de l'entreprise. Mais l'objectif principal de toute entreprise est d'augmenter son volume d'affaires et d'améliorer sa rentabilité. Mettre en œuvre la transformation numérique de son entreprise, c'est contribuer à l'atteinte de cet objectif.

Pour opérationnaliser les choix stratégiques, il faut mobiliser une équipe pour mener à bien le projet, et avoir des relais dans les différentes directions de l'entreprise : des innovateurs, des experts, de jeunes talents motivés qui auront préalablement été repérés lors de la phase de diagnostic. Leur rôle est d'entrainer les autres collaborateurs vers la réussite du projet. Il est recommandé de commencer par les projets dont les effets sont les plus visibles, pour encourager les collaborateurs, avant de s'attaquer aux chantiers plus longs, avec des effets moins spectaculaires.

La traduction de la stratégie numérique en plan d'action, c'est traduire une ligne directrice générale en tâches spécifiques. Cet exercice est essentiel parce qu'il force à se projeter dans le détail des opérations qui sont prévues pour se transformer. Pour cela, les recommandations suivantes sont à retenir :

1. Faire participer les collaborateurs de l'entreprise

Associer les collaborateurs à la réalisation du plan d'action est le meilleur moyen de les impliquer en amont dans la réalisation de ces différentes actions. Les collaborateurs peuvent ainsi apporter des retours d'expériences qui vont permettre de retenir des actions dont la réalisation est viable dans le contexte de l'entreprise.

2. Etablir une liste d'actions

La liste d'actions ainsi définie correspond aux tâches à réaliser pour atteindre les objectifs de transformation numérique de l'entreprise. Les actions sont de natures diverses et peuvent aller du financement à l'acquisition d'équipement numérique en passant par la recherche d'expertise technique. Les actions doivent être clairement décrites afin d'éviter les éventuelles confusions.

Des outils simples comme Google Sheets ou Microsoft Excel, permettent d'établir un plan d'action et de le suivre.

Chaque action est associée à des d'informations du type :

* le ou les objectifs qu'elle vise à atteindre ;
* le ou les indicateurs de suivi de sa performance ou KPI ;
* le nom ou le contact de la personne chargée de cette action ;
* le budget qui lui est alloué.

Tableau de suivi des actions							
N°	Action	Objectif	KPI	Responsable	Budget	Date cible	Statut

TABLEAU 6 : EXEMPLE D'INFORMATIONS À ASSOCIER AVEC CHAQUE ACTION

3. Affecter les actions

Chaque action doit avoir un responsable et toutes les ressources (finance, équipement, personnel) doivent être identifiées.

4. Suivre le projet

Le suivi du projet permet d'assurer une «surveillance » de l'évolution du projet afin que les problèmes potentiels puissent être identifiés en temps opportun et que des mesures correctives puissent être prises, le cas échéant, pour contrôler l'exécution du projet. Le principal avantage est que la performance du projet est observée et mesurée régulièrement pour identifier les écarts par rapport au plan de gestion du projet. Les variables du projet (coût, effort, portée, etc.) par rapport au plan de gestion du projet et à la base de référence du rendement du projet (où nous devrions être).

Identifier des actions correctives pour traiter correctement les problèmes et les risques (Comment pouvons-nous nous remettre sur la bonne voie) ;

Dans les projets en plusieurs phases, le processus de suivi fournit également un retour d'expérience entre les phases du projet, afin de mettre en œuvre des actions correctives ou préventives pour mettre le projet en conformité avec le plan de gestion du projet.

5. Communiquer le plan d'actions

Tous les collaborateurs doivent être informés de l'existence du plan et son rôle dans la réalisation du projet de transformation numérique.

6. Mettre à jour le plan

Le plan de transformation numérique doit demeurer une priorité pour les collaborateurs et doit être maintenu à jour pour ne pas devenir obsolète.

7. Les résultats attendus

Il est important de noter que ce sont les résultats obtenus en lien avec le plan de transformation qui diront s'il est un succès au non.

Le tableau ci-après montre une synthèse des résultats attendus de la mise en œuvre d'une stratégie de transformation numérique sur l'entreprise.

N°1	Impact	Résultats attendus
1	Sur les clients	L'interaction avec les clients est désormais directe, les avis des clients comptent, le suivi des commandes se fait en ligne, les commandes sont possibles via tous les canaux (cross canal),
2	Sur les produits et services	Les factures sont dématérialisées, les produits et services utilisent des objets connectés, les services offerts répondent à l'exigence d'immédiateté de la part des consommateurs.
3	Sur les collabo-rateurs	Une meilleure écoute, une formation par l'exemple via des tablettes, une meilleure collaboration pour partager la connaissance, une meilleure implication dans les activités de l'entreprise, plus de flexibilité grâce à la possibilité de travailler à distance.
4	Sur les proces-sus internes	Le travail collaboratif est en place, les processus sont optimisés.
5	Sur le manage-ment	La diffusion des bonnes pratiques et la transmission du savoir est érigée en règle , la collaboration interservices est plus solide et débouche sur une gestion plus efficiente des ressources, le management est participatif grâce aux réseaux sociaux d'entreprise, le coaching des équipes est plus efficace.
6	Sur les données	Orientation sur les nouveaux besoins des clients, mesure de la satisfaction des clients, les nouvelles tendances sont détectées
7	Sur la distribu-tion	La vente directe sur internet vient compléter celles des boutiques physiques, la possibilité de faire du clic and collect complète l'offre de distribution des produits
8	Sur le marketing	L'usage des réseaux sociaux, d'internet, des smartphones, des tablettes est généralisé pour les campagnes marketing

TABLEAU 7 : SYNTHESE DES RESULTATS ATTENDUS POUR UNE TRANSFORMATION RÉUSSIE

Mais comment savoir que vous avez atteint ses résultats ? Pour cela, il faut évaluer la progression du plan de transformation en mettant en place des indicateurs de suivi.

Il faut choisir des indicateurs clés de performance propres à l'entreprise, à son secteur d'activité, à sa taille, aux ambitions définies… Cinq à six indicateurs principaux suivis est une bonne moyenne pour ne pas être noyé sous les informations.

À titre d'exemple, voici quelques indicateurs permettant de mesurer la performance de sa transformation.

- Nombre de visiteurs de votre site internet : qu'ont-ils consulté ? Pour quels types de contenus ont-ils manifesté un intérêt ? (Visites, visiteurs uniques, pages vues, contenus) ;

- Le chemin suivi pour accéder au site internet ? Les moteurs de recherche (trafic organique), les réseaux sociaux (trafic social), ou votre notoriété (trafic direct) ?

- Taux de rebond : part du nombre de visiteurs quittant immédiatement le site après avoir consulté une seule page ;

- Taux de conversion : nombre de visiteurs convertis en achat effectué ;

- Nombre de visiteurs réguliers : la récurrence de visites permet d'obtenir une notion de qualité d'audience ;

- Commentaires laissés sur les réseaux sociaux et engagement provoqué autour des contenus de l'entreprise ;

- Témoignages de clients satisfaits, devenus ambassadeurs de la marque, de l'entreprise ;

- Études de cas concrets, venant mettre en avant la reconnaissance de votre expertise.

Concrètement, pour faire connaître une entreprise sur le Web, il faut s'intéresser à sa visibilité, puis à sa notoriété, grâce notamment aux solutions de web analytics.

Une fois cette présence installée, il faut se renseigner sur l'efficacité des actions marketing et commerciales en ligne de l'entreprise, analyser le ROI (return on investment), le chiffre d'affaires numérique et le nombre de leads[58] générés seront alors autant de points à surveiller.

8. L'accompagnement au changement

Mais mesurer la performance de la transformation, peut révéler des résistances des collaborateurs pour changer leurs habitudes et évoluer vers une organisation, de nouveaux process qui s'appuient sur les technologies numériques. L'approbation de nouvelles méthodes est loin d'être intuitive, tous les collaborateurs n'étant pas égaux en termes d'aisance face à la technologie. Il est important de s'assurer que tout le monde avance ensemble et qu'il est crucial d'animer et de créer une réelle dynamique autour du projet de transformation.

La communication, la formation aux outils, l'assistance utilisateurs vont s'avérer des leviers incontournables pour cet accompagnement. En effet, un plan de communication interne peut facilement être mis en place pour animer le projet de transformation et s'assurer de mobiliser tous les collaborateurs.

"Ce n'est pas la plus forte des espèces qui survit, ni la plus intelligente, mais la plus réceptive au changement." - Charles Darwin. La transformation numérique nécessite un changement de comportement. La gestion du changement consiste à diriger et à mettre en œuvre avec succès des changements dans une organisation ou une entreprise en vue d'un résultat spécifique.

Les lacunes dans la culture organisationnelle sont l'un des principaux obstacles au succès de l'entreprise à l'ère numérique. C'est un résultat central de l'enquête de McKinsey auprès des dirigeants mondiaux, qui a mis en évidence trois déficiences de

----

58 La génération de leads désigne l'ensemble des actions permettant des créer des contacts commerciaux plus ou moins qualifiés. Ces leads pouvant s'avérer ou non être finalement des prospects. On parle essentiellement de génération de leads dans le domaine du marketing B to B. Dans ce cadre, on utilise généralement le raccourci de langue anglaise leadgen source https://www.definitions-marketing.com/definition/generation-de-leads/

la culture numérique. Ce sont les silos fonctionnels et départementaux, la peur de prendre des risques et la difficulté de former et d'agir sur une seule vue du client.

Le changement de culture est la clé de la transformation numérique. Dans ce cadre, il est important de s'appuyer sur une planification des actions de changement. Les étapes suivantes décrivent les principales actions à réaliser pour mener à bien un projet de gestion du changement :

- Faire un état des lieux ;
- Identifier les acteurs du changement ;
- Repérer les résistances au changement ;
- Analyser par entité, par domaine, par métier l'impact du changement ;
- Lister les actions avec leur priorité, les impacts et une estimation du budget et des ressources nécessaires à la mise en œuvre ;
- Suivre l'exécution du planning de mise en œuvre et mettre en place un tableau de bord.

L'accompagnement au changement est un chantier qui s'inscrit dans la durée et qui peut aller de 6 à 12 mois, selon l'ampleur du projet de transformation numérique.

En fait, la transformation numérique est avant tout une transformation d'entreprise. Les hommes et non la technologie, sont les pièces les plus importantes de la démarche de la transformation numérique.

PARTIE 3 : MON ENTREPRISE NUMERIQUE

Dans cette troisième et dernière partie, 4 types d'entreprises fictives mais inspirantes sont présentées. L'objectif ici est d'illustrer par des exemples concrets des cas d'entreprises qui méritent d'être suivies. Il s'agit d'un commerce, d'un artisan, d'une PMI et d'une grande entreprise.

Ces histoires parlent d'entreprises évoluant dans le contexte des infrastructures télécom en cours de construction en Afrique subsaharienne.

1. Le commerçant connecté

La transformation numérique bouleverse tous les secteurs d'activité de la société. Peu présent sur internet, les commerçants ont pourtant tout à y gagner, alors que le nombre de cyberacheteurs ne cesse d'augmenter.

Monsieur Alidou, 50 ans, a un commerce de produits de beauté féminins au marché de Ouagadougou. Plus d'une trentaine de magasins du même type sont recensés dans un rayon de 1 km de son point de vente. Depuis dix ans, ses revenus lui permettent de couvrir ses charges et de pouvoir vivre. Néanmoins, ils souhaitent augmenter ses revenus afin d'ouvrir une seconde boutique dans un nouveau quartier de la ville. Il a remarqué que ses jeunes collègues vendeurs de téléphones mobiles au niveau du marché utilisent de plus en plus Facebook pour écouler leurs produits. Après avoir beaucoup hésité, il fait appel à son neveu Sidy, qui est spécialisé en marketing digital. Il lui exprime ses ambitions de se démarquer de la concurrence, de conquérir de nouveaux clients, de fidéliser ses clients, mais surtout augmenter son chiffre d'affaires et ses revenus.

Sidy le conforte dans sa volonté de vouloir s'appuyer sur les nouvelles technologies pour améliorer la croissance de son commerce et son chiffre d'affaires. Il lui indique également sa vision pour son commerce.

Il lui recommande la création d'une boutique en ligne adaptée aux mobiles. Du point de vue technique, elle contient des pages produits équipées d'un bouton de mise au panier : un panier qui permet à l'internaute de placer ses articles dans une liste avant achat.

C'est un processus de commande, c'est-à-dire une série de pages permettant de passer du panier au récapitulatif de commande, en passant par exemple par le calcul des frais de port et la saisie de l'adresse de livraison, un récapitulatif de commande.

Plusieurs types de paiement peuvent être alors proposés par Alidou: le paiement en liquide ou par transfert d'argent par mobile après avoir été livré ou s'être déplacé à la boutique physique.

Pour la réalisation du site, les prestataires sont nombreux. Parmi eux, PrestaShop propose un logiciel gratuit de création de sites e-commerce. Fondée en 2007, cette entreprise des Hauts-de-Seine a déjà la création de 165 000 boutiques en ligne à son actif.

Le référencement du magasin permet l'apparition rapide lors des recherches des internautes. En quelques minutes, il est possible très simplement, et gratuitement, d'améliorer le référencement de son site sur les plus grands moteurs de recherche. Google Adresses, Mappy offrent notamment ce genre de service.

Le renseignement sur internet commence à être une tendance, il est donc impératif que l'offre de produits de beauté soit détaillée. Un site de présentation qui ne bouge pas n'est plus suffisant. L'objectif est de répondre aux besoins des clients qui recherchent des informations précises sur les produits et les services avant de se décider à passer commande. Ils s'attendent donc à trouver sur internet un reflet fidèle de l'offre d'une enseigne. À titre d'exemple, une application développée par de jeunes Burkinabé permet de savoir les pharmacies ouvertes, de gardes, avec leurs contacts. Les clients appellent pour avoir la disponibilité des médicaments avant de se rendre à la pharmacie.

Sidy suggère à son oncle également de créer une base client, afin de pouvoir livrer et suivre les commandes pour satisfaire pleinement ses clients.

Trouver et fidéliser de nouveaux clients avec les réseaux sociaux devient un basique. Il est possible de fidéliser sa clientèle dans un esprit de communauté ou miser sur le partage et la recommandation pour trouver de nouveaux clients. Aujourd'hui, les réseaux sociaux réunissent des milliards d'utilisateurs et leur nombre ne cesse de s'accroitre et cela représente une formidable opportunité pour faire de la publicité pour des produits et services. L'oncle d'Alidou doit impérativement investir les réseaux sociaux pour attirer ce nouveau type de public. Sidy lui recommande de commencer par une page Facebook. Cela va permettre de pouvoir interagir avec ses clients. Sachant que de nos jours les clients apprécient de plus en plus ce mode de communication résolument moderne ; il va ainsi créer un intérêt et obtenir des fans. Il pourra par exemple ajouter des photos du magasin en indiquant les nouveautés et les évènements prévus dans sa boutique. Les clients s'intéressent également à l'histoire de la marque, par conséquent, il faut accepter de partager sur facebook des moments personnels de son histoire.

L'oncle d'Alidou peut utiliser Twitters pour améliorer sa relation avec ses clients. Il peut rediriger les internautes vers le site internet de la boutique avec des Tweets qui intègrent des liens du site.

Il est également possible pour se distinguer des autres commerçants de la place d'utiliser Pinterest. Ce réseau est différent des autres réseaux sociaux et si l'oncle accepte de l'utiliser, il pourra ainsi mettre en valeur des articles sur des conseils de beauté, sur l'utilisation des produits et des marques vendues dans son magasin.

Sidy recommande également d'être présent sur YouTube en créant des vidéos en lien avec le magasin, les produits, les marques, les événements et en les diffusant auprès du grand public.

Toutes les personnes qui découvrent ses vidéos peuvent les commenter librement. Il peut pousser le challenge jusqu'à créer une chaine Youtube ou les abonnés pourront découvrir la boutique, les produits et des astuces pratiques pour l'utilisation des produits.

En adoptant une solution de Click & Collect qui est adaptée au commerce local, il permet au consommateur de choisir et de réserver un produit sur internet pour ensuite le retirer en magasin.

Il est également possible pour Alidou, de prendre Assétou sa nièce, étudiante en communication pour qu'elle créée et anime un blog pour communiquer avec les clients. Il faut savoir que les blogs conservent un pouvoir attractif, car ils permettent de partager une expertise. Il peut permettre d'attirer des milliers d'internautes réguliers si le contenu est riche en conseils de beauté et autres astuces d'utilisation des produits.

Les blogs francophones suivants sont très suivis par les femmes à la peau noire ou métissées.

*1. **http://www.blackbeautybag.com/** : Beauté tendance, coiffures et mode, Fatou, délivre de véritables astuces de pro pour savoir se maquiller. Les couleurs à utiliser et les produits à privilégier, rien n'échappe à l'œil de cette experte.*

*2. **http://titounebeautystyle.com/** Titoune nous donne les tendances make-up à suivre et partage ses coups de cœur et ses découvertes.*

*3.**http://ww2.afrobelle.com/category/fiches-beaute-et-pra-tiques/** Joanna donne des conseils de beauté avec des produits naturels. Détox au citron et alimentation saine, elle distille des conseils simplissimes et censés.*

Très informé, Sidy présente également à son oncle, un nouveau modèle qui commence à émerger dans le monde et en Afrique : les places de marchés virtuels. Une « place de marché » (en anglais market place ou e-market place pour place de marché électronique) est une plateforme d'échanges virtuelles regroupant les offres et demandes de clients et de fournisseurs pour un secteur d'activité particulier (commerce, industrie, pharmacie et santé, etc.), ou un segment de marché spécifique (fournitures de bureau, etc.).

Il s'agit donc d'une plateforme technique créée par un tiers permettant à des entreprises de trouver des fournisseurs à des conditions tarifaires intéressantes grâce à des systèmes d'enchères ou d'appels d'offres. L'avantage est de pouvoir comparer les catalogues et les prix pour challenger les fournisseurs. La plate-forme se réénumère en prélevant un certain pourcentage sur les transactions.

En Afrique, la société sénégalaise Afriq market veut mettre aujourd'hui en contact l'offre et la demande pour qu'un fabricant, fournisseur, distributeur, grossiste, producteur ou une entreprise puisse vendre ou acheter sur internet. L'inscription est gratuite et sans limite de contenu. Les fournisseurs publient leur catalogue de produits et recevront des demandes de devis de professionnels intéressés à ces annonces. Ils payeront un abonnement en fonction du nombre de demandes de devis qu'ils souhaitent recevoir par mois. L'abonnement varie entre un fournisseur africain et un fournisseur non africain, mais également par rapport au statut du fournisseur (fabricant, importateur). La plateforme intègre également un système de régie publicitaire.

Les plateformes d'intermédiation ont de l'avenir et représentent une bonne opportunité pour le petit commerce, mais une présence sur ces portails ne saurait revêtir un caractère nécessaire et suffisant, conclut Sidy.

2. Le restaurant 2.0

Myriam est une repat[59], après des études de marketing et une première expérience dans le web marketing pour les PME, décide de retourner à Abidjan, pour y ouvrir un restaurant « branché ». La capitale ivoirienne étant déjà bien fournie en restaurant, elle souhaite maximiser l'expérience[60] client de son futur restaurant « l'assiette ronde » pour se faire une place. Dans ce cadre, elle élabore un business plan où elle détaille le volet usage du numérique pour en faire un avantage concurrentiel.

Dans son business Plan, elle développe les points suivants :

- Présence du restaurant avec un site internet attrayant à l'image du restaurant physique et doit contenir un maximum d'informations sans entrer dans la surcharge. Les photos utilisées doivent être de qualité. La qualité du site et des photos traduit la philosophie du restaurant. Les yeux doivent être ébahis devant une image, c'est l'effet « wow ».

- Les réseaux sociaux, Facebook, Twitter, Instagram, Google+, Pinterest et autres permettront de relayer directement les informations et d'engager quotidiennement une collaboration client-restaurant, et mieux encore une collaboration client.

- Les clients peuvent réserver en ligne et commander des plats à emporter avec l'application mobile créée.

---

59 Repat : Africain de la diaspora retournant vivre et travailler en afrique.

60 **L'expérience client** désigne l'ensemble des émotions et sentiments ressentis par un **client** avant, pendant et après l'achat d'un produit ou service. C'est le résultat de l'ensemble des interactions qu'un **client** peut avoir avec la marque ou l'entreprise.

- Elle se réserve 1 heure par jour pour faire Community manager du restaurant, c'est-à-dire fédérer une communauté d'internautes autour de la cuisine du restaurant et des cocktails et d'animer les échanges sur ce thème, tout en veillant au respect des règles de bonne conduite au sein de la communauté.

- Elle prévoit de s'équiper de tablettes en guise de menu. Les menus digitaux ou interactifs proposés sur tablette sont une des dernières tendances dans les restaurants connectés. Les tablettes ont pour avantages de proposer de nombreuses informations qu'il n'aurait pas été possible de mettre sur un simple menu papier : ingrédients, photos, vidéos, vins d'accompagnement, origines des produits, recettes, les calories de chacun des aliments proposés. Les informations données aux clients sont précises et complètes. Finis les trous de mémoire pour ses serveurs ! Adieu les menus papiers, où il faut justifier pourquoi le produit n'est pas là. Une mise à jour quotidienne permettra de n'avoir sur la tablette que les plats et boissons disponibles.

- Des vidéos numériques sur les aliments servis (origine de la région, bio, cuisson, préparation, article d'information), ouvriront l'appétit des clients, et il n'y a pas de meilleur moyen qu'une vidéo qui présente des aliments dont la valeur transparaît du menu. *Mmm*…les clients en ont l'eau à la bouche ?

- Les tablettes pourront permettre de se connecter sur la webcom en cuisine, pour voir comment le chef cuisine les plats des clients.

- Le restaurant va permettre des modes de paiement simplifiés, comme le transfert d'argent via les opérateurs de téléphonie locaux sur le compte du restaurant.

- Les commandes sont prises directement à partir des tablettes depuis les menus interactifs; les dispositifs de commande se connectent à des imprimantes en cuisine. La solution Menu Interactif suggère automatiquement des boissons qui sauront s'accorder au mieux avec les plats choisis. Les clients disposent d'un conseiller technologique qui leur propose des choix immédiats pour savourer pleinement les mets proposés. Sur la même interface, les clients auront également la possibilité de réserver une table pour un prochain repas ou un événement (anniversaire, séminaire…).

- Si les clients viennent séparément, ils auront également l'opportunité de patienter en profitant de nombreux jeux tactiles disponibles sur les tablettes. Grâce à la technologie multitouch de l'application, les jeux sont multi-joueur et la clientèle peut ainsi s'amuser en attendant d'être servie.

- En cuisine, elle compte s'équiper d'une imprimante 3D pour ses desserts. Rendre la nourriture jolie, c'est s'assurer qu'elle sera plus facilement appréciée et aussi montrer la valeur du restaurant. Au lieu de la résine, on met les ingrédients, et sur l'écran tactile le cuisinier décide de la forme que doit prendre le gâteau.

- Pour suivre la satisfaction des clients, le restaurant va s'équiper d'une application gratuite (WysifoodQue) qui permet de collecter les avis et notes de ses clients directement dans l'établissement. L'idée est simple : installée sur les tablettes, l'application Avis&Notes qui permet aux clients de laisser des Avis & Notes sur les services de l'établissement afin que vous puissiez cibler les axes d'amélioration de celui-ci. Si elle est placée sur le comptoir ou à table, les clients pourront noter les services (Accueil, attente, propreté, ambiance, etc.) et déposer un avis sur le restaurant. Les Avis&Notes remonteront en temps réel sur son compte en ligne et elle obtiendra des statistiques détaillées sur ses services et la qualité de ceux-ci.

Quelques mois plus tard, Myriam reçoit ses clients dans son restaurant au bord de la Lagune Ebrié.

En quête d'originalité, elle a installé un tapis roulant lumineux, qui serpente au milieu des tables de ses clients. Lorsqu'une commande est prête, le plateau du client est déposé sur le tapis qui achemine automatiquement le repas vers son destinataire. Cela est possible, car les téléphones des clients sont identifiés et localisés par des capteurs. Cette technologie est proposée par la société TouchAndPlay qui est une start up française spécialisée dans les solutions numériques pour Hôtel et restaurant. Ces différentes solutions qui équipent le restaurant de Myriam ont un impact sur le rôle des serveurs. Ceux-ci deviennent des conseillers sur les choix culinaires et continuent à placer les clients et à débarrasser les tables.

$\mathcal{3}$. L'usine 4.0

Alphonse est ingénieur en génie industriel, après 15 ans de bons et loyaux services rendus dans un grand groupe industriel du secteur agroalimentaire, il décide de se lancer à son tour dans l'entrepreneuriat.

Petit-fils et fils de menuisier, il décide de créer une usine moderne de fabrication de meubles à monter soi-même et, ce rêve, en Ikea africain. L'entreprise s'appelle « Monmeuble.com ». L'objectif est de s'appuyer sur une usine numérique, pour produire à des coûts compétitifs des meubles pour chambres à coucher, salons, cuisines pour les particuliers. Son idée s'appuie également sur la production de grandes séries personnalisées, afin de séduire encore plus les clients.

Il décide d'installer l'usine à Accra, afin de bénéficier de la matière première qui est le bois.

Il veut un principe de fonctionnement simple.

- Les clients passent commandes soit à partir d'une application mobile à télécharger gratuitement, soit directement à partir du site internet, ou de Facebook.

- Le meuble est produit et livré dans un point de livraison agréé (Chaînes de Magasins « The Lion » et « stations services » POPALE).

Il décide d'avoir recours au Crowdfunding (https://www.wiseed.com/fr), financement Participatif, pour réunir les fonds nécessaires à réaliser son projet. C'est l'association d'un grand nombre de personnes de plusieurs pays (en Afrique, en Europe et aux États-Unis) investissant un petit montant qui permettra à Alphonse de trouver les fonds demandés. Les fonds apportés le sont en contrepartie de parts de l'entreprise (le nombre de parts sociales sera calculé en fonction de l'investissement). Le contributeur devient donc « un actionnaire » de Monmeuble.com qu'il soutient financièrement.

Ses arguments pour construire une usine 4.0 pour produire les meubles, ont convaincu ses investisseurs. Le concept d'« Industrie 4.0 » a en effet été créé en Allemagne, en réaction à la concurrence accrue des pays émergents, notamment de la Chine. Le concept définit une nouvelle organisation des usines (smart factory : usine intelligente), reposant sur une flexibilité accrue de la production et l'optimisation des ressources, à travers la fusion de l'usine et d'internet. Il fut officiellement présenté et soutenu par la chancelière Angela Merkel lors du CeBIT de 2012, qui le considère comme un projet clé de la stratégie du gouvernement allemand en matière de hautes technologies. Cette 4e révolution industrielle fait suite à l'avènement de la production mécanique, activée par la puissance de l'eau et de la vapeur. La deuxième étape, au début du XXe siècle, voit l'essor de la production de masse alimentée par l'électricité. Cette étape est associée aux noms de Henry Ford et Frederick Taylor. Les années 1970 ont vu l'adoption généralisée de l'électronique et de l'informatique dans les ateliers de fabrication, ce qui a permis l'automatisation de la production, considérée comme la troisième phase de la révolution industrielle.

Pour sa future usine, Alphonse veut proposer au client d'essayer virtuellement les meubles avant de les acheter grâce à la réalité augmentée. La réalité augmentée est la superposition d'informations numériques sur une image réelle regardée à travers un écran, des lunettes ou un viseur.

La technologie utilise la caméra du smartphone ou de la tablette pour scanner en permanence l'environnement et positionner le meuble en trois dimensions dans la pièce où se trouve l'utilisateur.

Ce dernier pourra le repositionner selon ses désirs, se déplacer dans la pièce et le visualiser en temps réel et à 360° dans son environnement toujours à travers l'écran de son appareil mobile. TryLive Home(http://www.trylive.com/content/solution_trylive_home) est une solution de réalité augmentée qui permet de faciliter l'acte d'achat en ligne en permettant au consommateur d'essayer du mobilier chez lui avant d'acheter. L'utilisateur peut alors jouer au designer 3D et créer le nouveau décor de sa maison en quelques clics à l'aide de sa tablette. La visualisation de meubles en 3D se fait très naturellement à l'aide de matériel mobile, car l'utilisateur peut pointer la caméra vers le sol et voir instantanément le résultat sur l'écran comme dans un scanner.

TryLive Home fonctionne donc sur téléphone et tablette sous iOS et Android. Pour permettre au consommateur de poursuivre l'expérience sur internet, la solution se décline en version web sur photo et en magasin sur tablette avec la réalité augmentée.

La formalisation de son projet faite, Alphonse inaugure son usine avec des projets plein la tête.

4. La grande entreprise connectée

Sylvie possède une flotte de 110 camions récents de type semi-remorque affectés au transport national et international de marchandises diverses en Afrique de l'Ouest. Sa société « Transport Rapide » est confrontée à de nombreux enjeux liés à la sécurité, la qualité, les délais, la traçabilité, les coûts mais surtout à une concurrence de plus en plus féroce et anarchique qui maintient une pression permanente sur les prix.

Elle a remarqué que les clients veulent de plus en plus savoir l'état d'avancement des opérations de transport pour gérer leurs approvisionnements en juste-à-temps ou anticiper la livraison au client final dont les exigences se sont renforcées.

Afin de poursuivre le développement de sa société, elle décide de s'appuyer sur les technologies numériques pour se réorganiser et mieux servir ses clients.

Elle fait équiper sa flotte de camions des dernières technologies de géolocalisation, qui lui permettent de connaître l'emplacement précis d'un véhicule, savoir si la température du chargement est correcte, si le chauffeur respecte son planning, le niveau de consommation d'un véhicule pour faire des économies…

La géolocalisation lui permet de surveiller ses poids lourds en permanence. Elle est instantanément avertie en cas de vol. La balise dont sont équipés les poids lourds enregistre tous les déplacements et mouvements des véhicules. Il suffit de se connecter à internet par ordinateur ou smartphone pour visualiser la position actuelle et consulter l'historique des déplacements de ses poids lourds et de leur chauffeur.

Les principaux avantages de ce système sont les suivants :

- Surveillance : Localisation de la position exacte de ses poids lourds en temps réel ;

- Alerte antivol : Si le poids lourd se déplace, elle est instantanément informée et peut communiquer la position du poids lourd aux forces de l'ordre ;

- Historique parcours : Consulter l'historique des déplacements et voir tous les parcours précédents, les problèmes rencontrés, la consommation de carburant ;

- Gestion : total des kilomètres parcourus, vitesse moyenne, vitesse maximum, altitude, etc. ;

- Kilométrage : Les données récupérées permettent l'optimisation des trajets des poids lourds, et favorisent la réduction du kilométrage et par conséquent la baisse de consommation de carburant ;

- L'éco-conduite : En analysant les données transférées, le gestionnaire d'exploitation peut déduire quelles sont les habitudes de conduite à proscrire et établir un profil type de conduite économique ;

- La maintenance des véhicules : les systèmes de géolocalisation poids lourds peuvent alerter le gérant de la flotte lorsqu'un besoin de maintenance ou de réparation se fait sentir.

L'innovation étant son ADN, Sylvie n'hésite pas à tenter l'expérience des technologies qui peuvent permettre à sa flotte de camions d'être plus performant.

Elle décide d'équiper sa flotte de camions des technologies de communication de véhicule à véhicule développer par la société Peloton Technology. Cette technologie permet à des camions de rouler en Peloton comme des cyclistes et ainsi d'améliorer la sécurité et de baisser la consommation de carburant. En utilisant des capteurs radar, des freins intelligents, des écrans vidéo et une liaison sans fil, Peloton permet à deux camions de se suivre dans un « peloton ». Les deux camions peuvent se rapprocher l'un de l'autre d'à peine 6 mètres afin de profiter de l'aérodynamique permettant d'économiser du carburant. Peloton communique sur des économies de carburant de 10% pour le deuxième camion et de 4,5% pour le camion de tête dans un peloton. Les camions sont capables de se rapprocher grâce au système de sécurité active sans fil de Peloton qui relie les camions. La liaison sans fil contrôle l'accélération et le freinage du camion, tandis que le radar détecte les dangers potentiels sur la route. Les camions liés réagissent en une "fraction de seconde" alors qu'un chauffeur de camion a besoin de deux secondes pour réagir aux changements de conditions. Alors que la liaison sans fil contrôle l'accélération et le freinage, les conducteurs ont toujours le contrôle total du camion. Même si les camions ne sont pas en peloton, Peloton rend le camionnage plus sûr grâce à l'utilisation d'écrans vidéo dans les cabines pour surveiller les angles morts.

Elle installe une plateforme numérique en lien avec les camions. Cette technologie permet de fournir aux conducteurs des informations en temps réel sur les conditions météorologiques, les embouteillages ou les accidents et de mettre à jour automatiquement les itinéraires. Les dispositifs de stationnement automatisés fourniront des suggestions sur l'endroit où se garer en toute sécurité en fonction du niveau de fatigue du conducteur, des dispositions réglementaires et de la situation de la circulation. Les panneaux de signalisation intelligents seront même capables de signaler des messages spécifiques, appropriés à chaque type de véhicule.

Par exemple, lorsqu'un client envoie une commande à un fabricant, le système renvoie un rapport sur la disponibilité des marchandises et le moment de l'expédition, ce qui permet au fabricant d'optimiser son calendrier de production juste-à-temps. Une fois que les marchandises sont disponibles, l'expédition sera expédiée de l'entrepôt le long d'un itinéraire prédéterminé. Si un accident ou un trafic intense entrave l'arrivée du camion à l'heure, le système peut automatiquement déterminer un nouvel itinéraire et envoyer un nouveau délai de livraison estimé à l'expéditeur et au client. Compte tenu du retard, le système étalonnera alors les changements dans le coût d'expédition et le coût des marchandises, le cas échéant.

Le camion n'est pas oublié dans sa quête de modernisation technologique. Grâce à une surveillance constante de l'état du camion, des solutions de diagnostic à distance comme celles de Volvo, Scania ou Daimler permettront aux entreprises d'effectuer des réparations plus rapides, de développer des programmes d'entretien plus efficaces et de réduire considérablement les temps d'arrêt. On estime que la technologie peut prolonger la durée de vie d'un camion et réduire les coûts de maintenance de 5%. La technologie fournira également aux constructeurs de camions une compréhension détaillée de la façon dont les véhicules sont utilisés, ainsi que la possibilité de contrôler leur électronique à distance. L'attrait pour la société de Sylvie est clair : temps de disponibilité maximal des camions et économies d'entretien importantes.

Avec du matériel de dernière génération, Mme Sylvie est prête à livrer une féroce bataille dans un environnement de concurrence exacerbée entre les sociétés de transports de marchandises. Dans ce cadre, elle décide de s'abonner à une plateforme mise en place par une stat up de la place et qui permet d'optimiser le remplissage des camions et surtout d'éviter les trajets retours à vide. Comme Uber, qui commercialise des sièges dans des voitures, la plateforme de mise en relation permet de vendre des mètres cubes disponibles dans des camions. Une entreprise qui souhaite expédier une marchandise, une ou plusieurs palettes, entre simplement le volume de marchandise et le trajet à parcourir dans le système. Une autre assure la mise en relation avec les routiers qui circulent sur cet axe et qui disposent encore d'espace.

Ce système permet d'afficher des tarifs très concurrentiels. C'est avantageux pour les clients et pour les transporteurs qui, comme Mme Sylvie, génèrent un chiffre d'affaires supplémentaire.

L'accès à la plateforme est gratuit pour les entreprises inscrites. Un logiciel en SaaS[61] et des applications mobiles sont aussi fournis aux entreprises pour interagir avec la plateforme. Le fonctionnement de ladite plateforme s'appuie également sur des outils de numérisation, permettant de dématérialiser des documents, comme le bon de livraison, ou, comme vu précédemment, de suivre les parcours des chauffeurs en temps réel, pour anticiper les retards. La plateforme prélève une commission sur chaque transaction inférieure à celles pratiquées par les transports habituels.

Mme Sylvie assure ainsi le développement de son entreprise de transport en s'appuyant sur les possibilités que lui offre le numérique.

---

61 SaaS : Le logiciel en tant que service ou software as a service (SaaS) est un modèle d'exploitation commerciale des logiciels dans lequel ceux-ci sont installés sur des serveurs distants plutôt que sur la machine de l'utilisateur. Les clients ne paient pas de licence d'utilisation pour une version, mais utilisent librement le service en ligne ou, plus généralement, payent un abonnement.

Conclusion

Le continent africain connaît une forte croissance qui est un terrain favorable pour le développement du numérique. Selon un rapport de McKinsey (Lions go digital : The Internet's transformative potential in Africa), la contribution d'internet au PIB africain, d'ici à 2025, serait de 300 milliards de dollars dont 75 milliards réalisés chaque année par le commerce en ligne. Et les perspectives de développement sont impressionnantes.

Les États à travers les institutions régionales africaines doivent soutenir le développement et l'ancrage du numérique au sein des administrations et surtout des entreprises porteuses de richesses. Les technologies numériques contribuent à transformer les secteurs d'activités tels que l'industrie, la finance, la santé, l'agriculture, l'éducation, l'hôtellerie, le tourisme, le secteur des énergies renouvelables, le transport, etc., les entreprises du continent gagnent en compétitivité en devenant plus performantes et surtout en développant de nouveaux services qui répondent aux besoins des Africains et changent les habitudes de consommation. L'usage du mobile en Afrique est une illustration concrète des solutions qu'apporte le numérique à travers le paiement mobile, la géolocalisation, les réseaux sociaux, les applications mobiles, etc.

Les dirigeants des entreprises africaines, grandes, moyennes et petites, doivent se saisir de cette formidable opportunité pour développer leur entreprise et surtout assurer leur pérennité. Les dirigeants portent la responsabilité de se lancer dans la transformation de leur entreprise. Ils doivent mobiliser les ressources financières et les compétences qui pourront leur permettre d'atteindre les objectifs qu'ils se sont fixé. La stratégie numérique est la colonne vertébrale de la transformation de l'entreprise et les entrepreneurs ne doivent pas faire l'impasse sur son utilisation. Les enjeux pour la nouvelle entreprise transformée sont :

- Un accroissement des ventes, grâce aux ventes sur internet et des clients à travers le monde ;

- Une meilleure connaissance des clients à travers une meilleure connaissance de leurs besoins ;

- Une meilleure collaboration entre le personnel, grâce aux réseaux sociaux, avec un partage des connaissances et le développement de l'intelligence collective ;

- Une optimisation des infrastructures de son système d'information, à travers les solutions de cloud.

Les conséquences sont une économie africaine portée par des entreprises innovantes, prêtes à affronter les entreprises asiatiques, européennes, américaines, sur le marché africain et même sur le marché mondial. Des entreprises comme M-Pesa (d'origine kenyane) montrent l'exemple, avec près de 30 millions d'utilisateurs en Afrique, elles sont en route pour devenir mondiales dans les années à venir. Il est temps pour les chefs d'entreprises africains de suivre cet exemple et de conquérir le monde.

Mais attention, l'Afrique doit s'affranchir des contraintes qui peuvent briser cet élan, notamment le manque de compétences et la faible connectivité à internet.

Index Alphabétique

agilité 41

applications fonctionnelles 51

Big Data 21

Big Data Analytics 60

chef de produit web et mobile 72

chief data officer (CDO) 73

Cloud Computing 80

développeur d'application mobile 73

e-reputation 118

Facebook 17

Imprimante 3D 66

Internet des objets 81

La dématérialisation 40, 68

La Mobilité 40

Le travail collaboratif 41

l'économie numérique 30

Les drones 68

Les réseaux sociaux 17, 39

Mobilité 41

réseaux sociaux 29, 139

responsable de la sécurité des systèmes
informatiques (RSSI) 74

stratégies vers le numérique 54

Système d'Information 45

Test and Learn 110

Trafic Manager 71

transformation numérique 39

Liste des entreprises

A

Airbnb 30, 33, 79
Amazon 19, 31, 79, 89
American Airlines 47
Apple 29, 79

B

BCG 38
Booking 79

C

Capgemini Consulting 96
CGI 23

D

Dailymotion 19

E

ExxonMobil 29

F

Facebook 17

I

IBM 23
Instagram 40, 132, 158
Iroko 18

J

Jumia 18

K

Kayak 79

L

LinkedIn 40, 63, 100, 139

M

Mappy 154
Marriott 32
Mc Kinsey 38
M-Pesa 18

N

Netflix 19, 97

O

Orange 75
P

Parrot 69
PrestaShop 154
Priceline 79

R

rentalcars.com 79

S

Safaricom 18

T

Twitter 40, 78, 116

U

Uber.. 30, 89, 168

V

viadeo 100
Vodafone 18

W

WinSun 67

Y

YouTube 25, 40

Bibliographie

La transformation digitale-enjeux majeur en Afrique, Deloittte – 2015

Un Système d'Information Industriel pour garantir l'excellence opérationnelle, livre blanc , septembre 2011

L'essor du numérique en Afrique de l'ouest Entre opportunités économiques et cybermenaces, novembre 2015

Les APIs au cœur de la transformation digitale – Pierre Audoin Consultant mars 2015

Le plan d'action pour l'Afrique de l'UA/NEPAD   2010-2015 : promouvoir l'intégration régionale et continentale en afrique – 2009

Transformation digitale : 5 leviers pour l'entreprise– octobre 2014

La transformation digitale: Saisir les opportunités du numérique pour l'entreprise Broché – juin 2015

Stratégies digitales : La méthode des 6 C – octobre 2015

Accélérer la mutation numérique des entreprises : un gisement de croissance et de compétitivité pour la FranceMc Kinsey France – Septembre 2014

Systèmes d'information et management des organisations 6ᵉ édition, Vuibert mars 2012

Gouvernance du système d'information, Problématiques et démarches ;

Quand le nuage offre un nouvel horizon aux sociétés de conseil, Juillet 2014

Manager son équipe au quotidien, groupe Eyrolles 2007

FIN

Achevé d'imprimer au 2ᵉ trimestre de l'année 2018
sous les presses des Editions Céprodif, Burkina Faso

Dépôt légal : n° 18-079 du 10/04/2018
Bibliothèque nationale du Burkina Faso
ISBN : 978-2-84775-190-1